In der gleichen Reihe erschienen:

Schnellkurs Investmentfonds
ISBN 3-8029-3615-9

Geldanlage ohne Risiko
ISBN 3-8029-3483-0

Aktien: Wann kaufen – Wann verkaufen?
ISBN 3-8029-3614-0

Finanzvorsorge für Frauen
ISBN 3-8029-3710-4

Bilanzanalyse für Aktionäre
ISBN 3-8029-3641-8

Altersvorsorge-Fonds
ISBN 3-8029-3634-5

Derivate: Riskant, aber profitabel
ISBN 3-8029-3629-9

Die besten Börsenstrategien
ISBN 3-8029-3636-1

Profi-Handbuch Investmentfonds
ISBN 3-8029-3365-6

Wertpapieranlage: Kursgewinne durch richtiges Timing
ISBN 3-8029-3304-4

Investment-Analyse: Die beste Rendite
ISBN 3-8029-3305-2

E-Mail: walhalla@walhalla.de
http://www.walhalla.de

Walhalla Fachverlag · Haus an der Eisernen Brücke · 93059 Regensburg
Telefon (09 41) 5 68 40 · Telefax (09 41) 56 84 111

BERND RITTBERG

Mit Aktien ein Vermögen aufbauen

Börsenzyklen mit System nutzen

WALHALLA
FACHVERLAG

Die Deutsche Bibliothek – CIP-Einheitsaufnahme

Rittberg, Bernd:
Mit Aktien ein Vermögen aufbauen : Börsenzyklen mit System nutzen /
Bernd Rittberg. – 2., aktualisierte Aufl. – Regensburg ; Bonn : Walhalla-Fachverl., 1999
(Geld & Gewinn)
ISBN 3-8029-3637-X

Zitiervorschlag:
Bernd Rittberg, Mit Aktien ein Vermögen aufbauen,
Regensburg, Bonn 1999

Hinweis: Unsere Ratgeber sind stets bemüht, Sie nach bestem Wissen zu informieren. Die vorliegende Ausgabe beruht auf dem Stand von April 1999. Verbindliche Auskünfte holen Sie gegebenenfalls bei Ihrem Bank- bzw. Steuerberater oder Rechtsanwalt ein.

2., aktualisierte Auflage

Produktion: Walhalla Fachverlag, **93042** Regensburg
Umschlaggestaltung: Gruber + König, Augsburg
Druck und Bindung: Westermann Druck Zwickau GmbH
Printed in Germany
ISBN 3-8029-3637-X

Nutzen Sie das Inhaltsmenü:
Die Schnellübersicht führt Sie zu Ihrem Thema.
Die Kapitelüberschriften führen Sie zur Lösung.

Schnellübersicht

Vorwort

Wer sein Geld langfristig und ertragreich anlegen will, kommt an der Aktie nicht vorbei. In puncto Renditechancen schlägt sie alle anderen Anlageformen deutlich.

Aber es ist nicht damit getan, die Aktie eines Unternehmens zu kaufen, bis zum Ruhestand im Depot zu belassen und dann die – hoffentlich vorhandenen – Kursgewinne zu genießen. Um einen möglichst hohen Ertrag zu erzielen, muß das Aktiendepot geschickt durch die verschiedensten Börsenzyklen gesteuert werden. Und genau hierbei soll Ihnen dieses Buch helfen. Es vermittelt Ihnen ein überaus erfolgreiches System zum Vermögensaufbau und zur Vermögensvermehrung mit Aktien.

Diese Börsenstrategie ist mit einem Minimum an Zeitaufwand, rund eine Stunde pro Monat, und ohne große Hilfsmittel sofort anwendbar. Obwohl ein PC die Arbeit erleichtert, reichen ein Blatt Papier, ein Bleistift und ein Taschenrechner völlig aus. Die wenigen benötigten Daten werden im Börsenteil jeder guten Tageszeitung veröffentlicht.

Das nachfolgend beschriebene Konzept ist von jedermann problemlos zu realisieren – also auch von Ihnen. Sie werden staunen, wie einfach, aber erfolgreich diese neue Anlagestrategie ist. Bei allen Investitionsentscheidungen sind lediglich vier Regeln zu beachten. Ist das zuviel für eine Zukunft mit mehr Wohlstand?

Ich wünsche Ihnen viel Glück, *Bernd Rittberg*

Banken, Börsenbriefe & Co.

Wer glaubt, es sei sicherer und rentabler, den Tips von Börsenbriefen oder den Empfehlungen des Anlageberaters seiner Bank oder Sparkasse zu folgen, anstatt sich selbst mit dem Thema Börse und Aktie zu befassen, sollte folgendes bedenken:

Viele Börsenbriefe werben vollmundig mit einem Gewinn von z.B. 80 Prozent mit Aktie „X“ oder 135 Prozent mit Aktie „Y“. Sie verschweigen aber alle ihre Empfehlungen, die statt eines Gewinnes einen herben Verlust einbrachten.

Natürlich ist es einfach, bei einer Vielzahl monatlicher oder wöchentlicher Tips – einige Börsenbriefe geben pro Jahr über 1.000 (!) Empfehlungen – auch mal einen Volltreffer zu landen. Aber was nutzt es dem Anleger, also Ihnen, wenn er diesen Titel gerade nicht geordert hat, sondern auf die anderen Empfehlungen, die Nieten, gesetzt hat? Wer kann und will schon 100, 200 oder noch mehr verschiedene Aktien pro Jahr ins Depot nehmen und dabei noch die Übersicht behalten?

Das „manager magazin“ veröffentlichte in den letzten Jahren jeweils eine Bewertung der Aktienempfehlungen von rund 25 Börsenbriefen und Fachzeitschriften. Die Erfolgsbilanz ist ernüchternd: „Nicht ein Tipdienst schnitt mit seinen inländischen Empfehlungen besser als der Deutsche Aktienindex (DAX) ab.“ (manager magazin 2/97)

Auch in den Jahren davor waren die Ergebnisse, wie bereits aus den Titelzeilen hervorgeht, nicht gerade überzeugend:

- „Blaue Briefe“ (manager magazin 2/93)
- „Himmel und Hölle“ (manager magazin 2/94)
- „Glücksspirale“ (manager magazin 2/95)
- „Ohne Gewähr“ (manager magazin 2/96)

Zu ähnlichen Ergebnissen kam eine Untersuchung der Stiftung Warentest: „Die Empfehlungen der Börsenprofis sind teuer und schlecht.“ (FINANZtest 4/95)

Und wie sieht es mit den Geldinstituten aus?

Viele Anlageberater scheuen sich, konkrete Empfehlungen für den Aktienmarkt auszusprechen. Oder sie ermuntern den Anleger durch immer neue Tips und Studien über vorgeblich gewinnversprechende Aktien oder Märkte, von einem Aktieninvestment zum nächsten zu springen. Wer folgt, zahlt schnell mit vielen Gebühren drauf.

Einmal im Jahr testet das „manager magazin" auch, was vom Rat der Bankanalysten zu halten ist:

- „Fehlspekulation. Wenn Analysten Aktienempfehlungen geben, ist Vorsicht geboten. Selbst Topadressen lagen in jüngster Zeit daneben." (manager magazin 4/95)
- „Außer Spesen nichts gewesen. Die Tips sind schlechter als der Index." (manager magazin 4/96)
- „Glücks-Rat. Das Aktien-Resarch der deutschen Banken gewinnt zwar an Bedeutung, doch ihr Rat gleicht einem Vabanquespiel." (manager magazin 5/97)

Auch die Stiftung Warentest ist von der Anlageberatung der Banken und Sparkassen nicht gerade begeistert. Von 28 getesteten Kreditinstituten bekamen 13 für ihre Anlageberatung das Urteil „mangelhaft". (FINANZtest 12/97)

Sind die Deutschen Aktienmuffel?

Nach Beobachtungen des Deutschen Aktieninstituts (DAI) nimmt das Interesse an Aktien in der Bundesrepublik spürbar zu. Den Börsengang der Deutschen Telekom (T-Aktie) im Herbst 1996 haben rund 530.000 Bundesbürger genutzt, um erstmals Geld in Aktien anzulegen. Insgesamt gab es Ende 1996 mehr als 5 Millionen Aktionäre.

Trotzdem hinkt Deutschland mit einem Anteil der Aktionäre an der Bevölkerung von nur sechs Prozent noch immer weit hinter anderen Industrieländern her – in den USA sind es 21, in Schweden sogar 35 Prozent! Die Bundesbürger legen den Großteil ihres Geldes immer noch in festverzinslichen Wertpapieren, mager verzinsten Spareinlagen und renditeschwache Versicherungspolicen an.

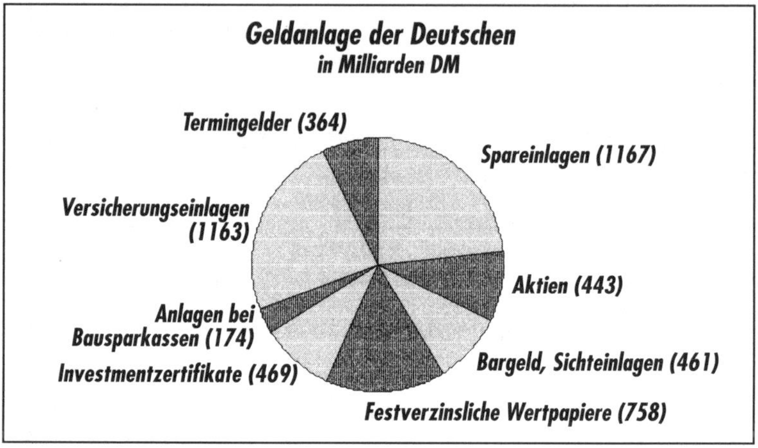

Quelle: Deutsche Bundesbank

20 Prozent Rendite – Utopie oder Wirklichkeit?

Es ist längst kein Geheimnis mehr, daß die Aktienanlage auf lange Sicht jeder anderen Form der Geldanlage überlegen ist.

Beispiel:

Wer am 01.01.1984 einen Betrag von 10.000 DM auf ein Sparbuch (Zinssatz: 3 Prozent) einzahlte, hatte am 31.12.1998 mit Zinseszinsen ein Guthaben von 15.579 DM. Bei einer Anlage als Festgeld zu 6 Prozent jährlich wurden aus den 10.000 DM im gleichen Zeitraum 23.965 DM. Eine Investition in festverzinsliche Wertpapiere (deutsche Renten) erbrachte, gemessen am REXP (REX-Performance-Index)[1], immerhin ein Guthaben von 32.829 DM. Den besten Ertrag erzielte jedoch die Anlage in deutschen Aktien. Wer auf die im DAX (Deut-

1) Der REX-Performance-Index (REXP) der Deutschen Börse AG ist der zum Anleihenportefeuille des Deutschen Rentenindex (REX) passende Performanceindex.

scher Aktienindex)[2] enthaltenen Top-Unternehmen der deutschen Wirtschaft setzte, vermehrte seine Einmaleinlage von 10.000 DM auf ansehnliche 64.625 DM.

Aber es kommt noch besser: Bei konsequenter Anwendung der hier vorgestellten Strategie wuchsen die 10.000 DM auf stolze 163.370 DM an. In 15 Jahren wurde somit ein Gewinn von 1.533 Prozent erzielt, was einer durchschnittlichen jährlichen Rendite von rund 20,5 Prozent entspricht.

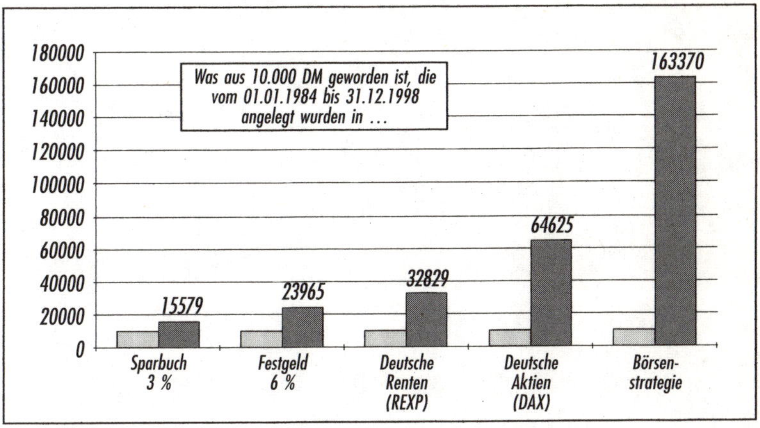

2) Der Deutsche Aktienindex (DAX) der Deutschen Börse AG ist ebenfalls ein Performanceindex, der die Wertentwicklung eines Depots von 30 Standardwerten abbildet. Performanceindizes spiegeln die Wertentwicklung eines Depots, in das die laufenden Erträge reinvestiert werden, wieder.

Die Börse

1

Welcher Aktienmarkt ist der beste?

Eine allgemeingültige Antwort auf diese Frage gibt es nicht. Mal steigen die Börsen in Asien schneller als in der übrigen Welt. Zu einem anderen Zeitpunkt liegen die westeuropäischen Aktienmärkte vorne. Dann sind die Börsen in Südamerika oder Osteuropa die Favoriten. Ein anderes Mal steigen die Kurse in Japan oder den USA am kräftigsten. Sie können also an allen Börsen der Welt Geld verdienen.

Die in diesem Buch beschriebene Strategie beschränkt sich dennoch auf den deutschen Aktienmarkt. Und das hat einen nicht zu unterschätzenden Grund: Es gibt kein Währungsrisiko!

Beispiel:

Nehmen Sie an, Sie hätten am 05.07.1991 in US-Aktien investiert. Damals stand der Dow Jones bei 2932 Punkten und der Dollar bei 1,83 DM. Am 02.10.1992 notierte der Dow Jones bei 3201 Punkten, was einem Gewinn von 9,2 Prozent entspricht. Der Dollar lag aber nur noch bei 1,41 DM und bescherte Ihnen somit einen Verlust von 23,0 Prozent. Insgesamt brachte das Amerikaengagement trotz steigender Aktienkurse einen Verlust von 13,8 Prozent Ihres eingesetzten Kapitals.

Natürlich können Sie auch Glück haben und in US-Werte investiert haben, wenn Börse und Dollar zugleich steigen.

Hätten Sie Ihr Geld erst am 02.10.1992 in amerikanische Aktien, Dow-Stand 3201 Punkte und Dollar-Notierung 1,41 DM, angelegt und am 05.02.1993 beim Dow-Stand von 3442 Punkten und einer Dollar-Notierung von 1,65 DM wieder veräußert, dann hätten Sie neben einem Kursgewinn von 7,5 Prozent bei den Aktien noch zusätzlich einen Gewinn von 17,0 Prozent bei der Währung erzielt.

Hätten Sie in der gesamten Zeit vom 05.07.1991 bis zum 05.02.1993 in US-Aktien investiert, hätte die Rechnung folgendes ergeben:

- Anstieg des Dow Jones von 2932 Punkte auf 3442 Punkte
- Verfall des US-Dollar von 1,83 DM auf 1,65 DM

Die Aktien erzielten zwar einen Gewinn von 17,4 Prozent. Aber die Währung brachte einen Verlust von 9,8 Prozent. Dadurch wurde das Gesamtergebnis auf magere 7,6 Prozent in eineinhalb Jahren heruntergedrückt.

Sie haben an diesem Beispiel sicher deutlich erkannt, daß bei ausländischen Börsen immer noch das Währungsrisiko hinzukommt. Zwar gibt es auch die Möglichkeit zusätzlicher Währungsgewinne, aber dieses Buch ist für Gewinne mit Aktien gedacht – und nicht für Währungsspekulanten geschrieben worden.

Gute und schlechte Börsenzeiten: wann?

Eine der ältesten Börsenweisheiten lautet: Die Börse ist keine Einbahnstraße! Das bedeutet, daß es am Aktienmarkt nicht ständig aufwärts geht.

So gibt es Seitwärtsbewegungen, in denen die Kurse in einem engen Bereich hin und her dümpeln oder mit hektischen Ausschlägen (hohe Volatilität) in einem größeren Kursbereich auf und ab springen. Am Ende einer solchen oft über Monate andauernden Seitwärtsbewegung haben sich die Aktienkurse gegenüber ihrem Anfangswert kaum verändert. Ein Aktieninvestment ist für den Anleger in dieser Zeit also wenig rentabel.

Und es gibt natürlich auch fallende Aktienmärkte, bis hin zu dramatischen Kurseinbrüchen. So geschehen bei den Börsencrashs im Oktober 1987 und im Herbst 1990. Es versteht sich von selbst, daß in diesen Börsenphasen jede andere Geldanlage dem Aktieninvestment überlegen ist.

Aber auf jedes Börsentief (Baisse) folgt auch immer wieder ein Börsenhoch (Hausse) und umgekehrt. Es gilt also, die langfristigen Aufwärtsbewegungen und die starken Kurseinbrüche am Aktienmarkt rechtzeitig zu erkennen. Denn nur so können Sie Ihre Rendite maximieren.

DAX-Monatsschlußkurse

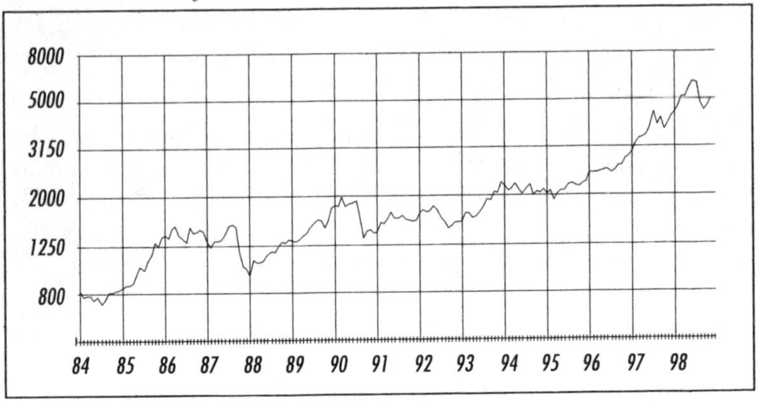

Sind Kursverläufe vorhersehbar?

Solange es die Börse gibt, sucht man nach einer effizienten Technik zur Kursprognose. Fundamental- und Chartanalyse werden hierfür schon seit langer Zeit angewandt. Beide Methoden haben jedoch ihre Schwachstellen.

Fundamentalanalyse

Hier werden unternehmensbezogene sowie volkswirtschaftliche Daten und Erkenntnisse zur Bewertung herangezogen. Dabei besteht die Schwierigkeit in der Beschaffung, Zuverlässigkeit und Auswertung der großen Informations- und Datenmengen, die zur Beurteilung notwendig sind. So können z.B. die Unternehmensgewinne für das laufende Geschäftsjahr und die Folgejahre nur geschätzt werden. Und die Analysten müssen aufgrund sich verändernder Wirtschaftsdaten ihre Prognosen in regelmäßigen Abständen nach oben oder unten korrigieren.

Chartanalyse

Hier werden lediglich die börsenbezogenen Daten der betreffenden Gesellschaft oder des Gesamtmarktes (Kurse, Volumen, Kursbilder, Indikatoren) zur Analyse und Prognose herangezogen. Man versucht, aus Kursverläufen in der Vergangenheit auf die künftige Entwicklung des Gesamtmarktes oder einer Einzelaktie zu schließen.

■ *Achtung:*

Die Chartanlayse hat aufgrund der relativ ungenauen Beschreibung und der unwissenschaftlichen Voraussetzungen, auf denen sie aufbaut, erhebliche definitorische Mängel. Insbesondere bei Privatanlegern kann es daher leicht zu Fehlkonstruktionen/-interpretationen von Trendlinien, Trendkanälen, Unterstützungs-/Widerstandslinien, Umkehrformationen usw. kommen. Darüber hinaus läuft sie durch den Grundsatz der Bestätigung oft den Ereignissen hinterher.

■ *Wichtig:*

Die Finanzdienstleister setzen deshalb auch zunehmend auf Naturwissenschaftler. Auf der Grundlage der statischen Physik entwickelten die Mathematiker Black und Sholes bereits 1973 ein Verfahren zur preislichen Bewertung von Termingeschäften.

Seit kurzer Zeit setzen Wertpapiermanager bei der Kursprognose zunehmend auf künstliche Intelligenz in Form von neuronalen Netzen. Und die Chaosforschung versucht Erklärungsmuster für das Auftreten von Börsencrashs zu liefern.

Praxis-Tip:

Die hier vorgestellte Strategie setzt ausschließlich auf eine mathematische Ermittlung der Ein- und Ausstiegssignale für ein Engagement am Aktienmarkt. Somit werden Sie von Anfang an vor Fehlinterpretationen geschützt.

Wann an der Börse einsteigen, wann aussteigen?

Für den Anleger ist es enorm wichtig, zum richtigen Zeitpunkt an der Börse einzusteigen und auch den Verkauf seiner Aktien nicht zu versäumen. Das Timing beeinflußt den Erfolg oder Mißerfolg eines Aktienengagements wesentlich.

Beispiel:

Bei einer Aktieninvestition vom 01.04.1989 bis zum 31.03.1990 hätten Sie, gemessen am DAX, einen Gewinn von 48,8 Prozent erzielt. In diesen zwölf Monaten kletterte das deutsche Börsenbarometer von 1323 auf 1969 Punkte.

Hätten Sie jedoch Ihr Geld erst am 01.04.1990 für die nächsten zwölf Monate in deutschen Aktien angelegt, so wäre ein Verlust von 22,7 Prozent entstanden. In dieser Zeit fiel der DAX von 1969 auf 1523 Punkte zurück.

Praxis-Tip:

Das richtige Timing für den Ein- und Ausstieg an der Börse trägt wesentlich zum Erfolg oder Mißerfolg der Aktienanlage bei.

Deshalb ist das Timing auch die erste und wahrscheinlich auch wichtigere der beiden tragenden Säulen der hier vorgestellten Börsenstrategie.

Die zweite Säule bildet die optimierte Aktienauswahl, dazu mehr in Kapitel 3, ab Seite 48.

Zunächst steht das Timing im Vordergrund, denn was nutzt es Ihnen, wenn Sie zwar wissen, daß die Aktie X erfolgversprechender als die Aktie Y ist, aber nicht sicher sind, wie die Verfassung des Gesamtmarktes ist. Natürlich ist es auch möglich, daß sich eine Aktie aufgrund besonderer Umstände gegen den Gesamtmarkt entwickelt.

Aber dieses Gegen-den-Strom-schwimmen wird im Regelfall nur von sehr kurzer Dauer sein. Auf längere Sicht kann sich kein Wert dem allgemeinen Trend entziehen. Es lohnt sich also nur, die erfolgversprechendere Aktie X zu ordern, wenn auch der Gesamtmarkt nach oben gerichtet ist.

Praxis-Tip:

Die Timingsignale für den Börseneinstieg und -ausstieg müssen stimmen.

Richtiges Timing

2

Auf Zinsänderungen achten

Es liegt auf der Hand, sich beim Timing für Aktieninvestitionen an den Zinsen zu orientieren, denn Zinsänderungen wirken auf die Aktienkurse ziemlich direkt ein.

Steigen die Zinsen, müssen Staatsanleihen, Kommunalobligationen und andere festverzinsliche Wertpapiere höher verzinst werden. Die Anleger wenden sich dem Anleihenmarkt zu und vom Aktienmarkt ab. Das setzt sich solange fort, bis die Aktienkurse so weit gesunken sind, daß die Dividendenrendite (siehe Seiten 50–52) der Aktien mit derjenigen des Anleihenmarktes vergleichbar ist. Bei kontinuierlicher Dividende verbessert sich die Dividendenrendite mit sinkenden Kursen.

Wenn die Zinsen sinken, werden auch festverzinsliche Papiere wieder uninteressanter. Das freiwerdende Kapital strömt unter anderem zurück in den Aktienmarkt. Dieses führt wiederum zur Erhöhung der Aktienkurse und damit zum Absinken der Dividendenrendite. Die Investitionen in den Aktienmarkt erfolgen solange, bis die Dividendenrendite wieder mit der gesunkenen Rendite am Anleihenmarkt vergleichbar ist. Dabei ist zu berücksichtigen, daß die Rendite von Aktien normalerweise unter derjenigen von Anleihen liegt.

Den Diskontsatz/EZB-Leitzins berücksichtigen

Der Diskontsatz ist der Zinssatz, zu dem die Deutsche Bundesbank Wechsel von Geschäftsbanken ankauft. Bei einer Erhöhung des Diskontsatzes wird die Kreditaufnahme der Geschäftsbanken – die sogenannte Refinanzierung – teurer. Im Regelfall erhöhen dann auch die Geschäftsbanken ihre Zinsen. Dadurch wird die gesamtwirtschaftliche Nachfrage und damit auch die Preissteigerung tendenziell sinken.

Mit der Einführung des Euro am 01.01.1999 ist die Verantwortung für die Geldpolitik in den Teilnehmerstaaten der Währungsunion auf die Europäische Zentralbank (EZB) übertragen worden. Dadurch ist auch der bisher von der Deutschen Bundesbank festgesetzte Diskontsatz weggefallen. An seiner Stelle wird nunmehr der EZB-Leitzins berücksichtigt.

Nun wird getestet, ob Diskontsatz-/Euro-Leitzinsänderungen als Signale für den Aktienmarkt eingesetzt werden können. Als Testzeitraum wird der 01.01.1984–30.06.1998 (Redaktionsschluß) gewählt. In dieser Zeit sind sowohl ausgeprägte Kursanstiege als auch langfristige Seitwärtsbewegungen und abrupte Kurseinbrüche enthalten. Dadurch läßt sich die Zuverlässigkeit der Strategie in allen Börsenphasen überprüfen. Es gelten folgende Regeln:

Ein Einstieg in den Aktienmarkt erfolgt, wenn die Deutsche Bundesbank den Diskontsatz senkt. Der Ausstieg wird bei einer Diskontsatzanhebung vorgenommen.

Diese Strategie erbrachte folgende Ein- und Ausstiegssignale:

Kaufsignal	DAX-Stand	Verkaufsignal	DAX-Stand
16.08.1985 (Diskontsatzsenkung von 4,5 auf 4,0 Prozent)	**1.030**	**01.07.1988** (Diskontsatzanhebung von 2,5 auf 3,0 Prozent)	**1.163**
15.09.1992 (Diskontsatzsenkung von 8,75 auf 8,25 Prozent)	**1.587**	**31.12.1998** (Keine Diskontsatzerhöhung, aber Redaktionsschluß)	**5.002**

Da die beiden geldpolitischen Instrumente (Diskonsatz und EZB-Leitzins) nicht ganz identisch sind, wird die „Erhöhung“ zum 01.01.1999 – die lediglich durch die Währungsunion hervorgerufen wurde – nicht als Signal gewertet.

DAX-Monatsschlußkurse

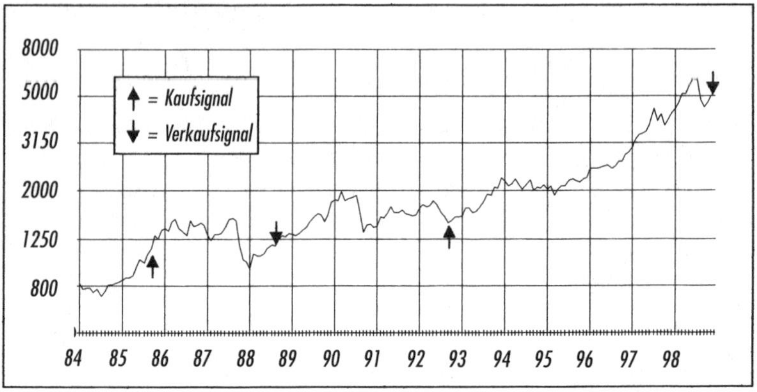

Diese Strategie ist zwar mit dem geringsten Aufwand durchführbar, erbrachte aber kein überzeugendes Ergebnis.

Beim ersten Aktienengagement (16.08.1985–01.07.1988) wurde innerhalb von knapp drei Jahren lediglich ein Wertzuwachs von 12,9 Prozent erzielt. Ursache hierfür war das Fehlen eines rechtzeitigen Ausstiegssignals vor dem großen Börsencrash im Oktober 1987. Bei besserem Timing für den Aktienverkauf wäre ein Gewinn von rund 50 Prozent (DAX-Hochpunkt am 17.04.1986 mit 1.586 Punkten) möglich gewesen.

Die zweite Börsenbeteiligung (15.09.1992–31.12.1998) brachte schon ein erfreulicheres Ergebnis. Der DAX stieg immerhin in gut sechs Jahren um rund 215 Prozent. Aber auch hier zeigen sich Mängel: In den ersten drei Wochen fiel das deutsche Börsenbarometer bis auf 1.420 Punkte (06.10.1992) und bescherte somit einen Anfangsverlust von über 10 Prozent, der erst am 22.01.1993 – also nach mehr als drei Monaten – mit einem DAX-Stand von 1.587 Punkten wieder ausgeglichen wurde.

▪ *Achtung:*

Für viele Neubörsianer wäre dieser zehnprozentige Anfangsverlust innerhalb kürzester Zeit sicherlich der Grund gewesen, das Depot aufzulösen und ihr Geld nie wieder in Aktien anzulegen. Auch wenn diese Entscheidung von Unkenntnis der Börse zeugt – wie wir bereits gesehen haben, folgt auf jeden Börsenrückgang auch wieder ein Börsenanstieg – wäre diese übereilte Reaktion verständlich. Denn wer von uns hätte keine Angst, sein Vermögen noch mehr zu dezimieren, wenn es innerhalb von nur drei Wochen bereits um 10 Prozent geschrumpft wäre.

Aber auch die langfristige Seitwärtsbewegung vom 30.12.1993 bis 30.06.1995 war für das Aktieninvestment nicht gerade vorteilhaft. Insgesamt erbrachte sie einen Verlust von rund 8 Prozent (DAX-Stand am 30.12.1993: 2.266 Punkte – DAX-Stand am 30.06.1995: 2.083 Punkte) in eineinhalb Jahren. Darüber hinaus vollzog sich diese Seitwärtsbewegung, wie aus der nachfolgenden Tabelle ersichtlich ist, unter äußerst heftigen Schwankungen.

Datum	DAX-Stand	Gewinn/Verlust	Zeitraum
30.12.93	2.266		
02.03.94	2.020	– 10,8 %	5 Wochen
16.05.94	2.271	+ 12,4 %	11 Wochen
26.06.94	1.968	– 13,3 %	6 Wochen
31.08.94	2.212	+ 12,4 %	10 Wochen
07.10.94	1.960	– 11,4 %	5 Wochen
15.02.95	2.135	+ 8,9 %	18 Wochen
28.03.95	1.910	– 10,5 %	6 Wochen
30.06.95	2.083	+ 9,1 %	13 Wochen

Praxis-Tip:

In dieser Zeit wäre eine Anlage des Geldes auf dem Sparbuch rentabler gewesen. Und als Anleger hätte man dann, aufgrund der hohen Börsenvolatilität, sicherlich ruhiger geschlafen.

Die Umlaufrendite unter die Lupe nehmen

Von der Deutschen Bundesbank werden börsentäglich die Renditen der im Umlauf befindlichen festverzinslichen Wertpapiere (öffentliche Anleihen) ermittelt und veröffentlicht. Hierbei werden für die unterschiedlichen Restlaufzeiten (3–5 Jahre, 5–8 Jahre, 8–15 Jahre, 15–30 Jahre) jeweils eigene Renditen errechnet. Zusätzlich wird aus diesen einzelnen Umlaufrenditen die durchschnittliche Umlaufrendite berechnet.

Anhand der Umlaufrenditen erhält man einen Überblick über die Einschätzung der künftigen Zinsentwicklung durch die Marktteilnehmer.

Achtung:

Bei der Überprüfung, ob die Umlaufrendite als Timing-Signal für den Ein- und Ausstieg am Aktienmarkt geeignet ist, verwenden wir die durchschnittliche Umlaufrendite. In ihr sind die kurz-, mittel- und langfristigen Zinserwartungen enthalten. Wenn also im weiteren Verlauf dieses Buches von der Umlaufrendite die Rede ist, dann ist immer die durchschnittliche Umlaufrendite gemeint!

Durchschnittliche Umlaufrendite berechnen

Damit das Timingsystem nicht zu zeitaufwendig wird, notieren Sie nur die Umlaufrendite vom Wochenschluß. Sie nehmen also jeweils am Samstag Ihre Tageszeitung zur Hand, suchen im Wirtschaftsteil die Umlaufrendite von Freitag heraus und schreiben diese Zahl mit zwei Nachkommastellen in eine Tabelle. Wenn der Freitag ein Feiertag ist, notieren Sie die Umlaufrendite vom Donnerstag – also immer vom letzten Börsentag der abgelaufenen Woche.

Nach drei Monaten werden Ihre Aufzeichnungen der nachfolgenden Abbildung ähneln:

Datum	Umlaufrendite
06.01.84	8,24
13.01.84	8,30
20.01.84	8,14
27.01.84	8,16
03.02.84	8,07
10.02.84	8,07

17.02.84	7,93
24.02.84	7,90
02.03.84	7,78
09.03.84	7,81
16.03.84	7,78
23.03.84	7,92
30.03.84	7,89

Sie stellen fest, daß sich die Umlaufrendite in diesen 13 Wochen zwischen 7,78 Prozent und 8,30 Prozent bewegt hat. Um zufällige Tagesschwankungen zu eliminieren und einen Aufwärts- bzw. Abwärtstrend deutlicher sichtbar zu machen, ermitteln Sie einen sogenannten gleitenden Durchschnitt der Wochenschlußrendite.

Die erzielte Glättungswirkung eines gleitenden Durchschnitts ist abhängig von der dabei gewählten Periodenlänge. Hier entscheidet man sich für einen Vier-Wochen-Durchschnitt, da dieser zum einen Renditehochs und -tiefs auffängt und andererseits nicht zu träge auf Renditeveränderungen reagiert.

- *Die Berechnung des Vier-Wochen-Durchschnitts*

Man addiert lediglich die Wochenschlußstände der Umlaufrendite der letzten vier Wochen und dividiert das Ergebnis anschließend durch vier. In diesem Beispiel sind das für die Zeit vom 06.01.1984–27.01.1984 die folgenden Zahlen:

8,24 + 8,30 + 8,14 + 8,16 = 32,84 : 4 = **8,21**

Damit beträgt der Vier-Wochen-Durchschnitt der Umlaufrendite am 27.01.84 also 8,21 Prozent.

- *Die Weiterberechnung*

Am nächsten Wochenschluß, dem 03.02.1984, kommt bei der Berechnung des Durchschnitts die neue Umlaufrendite hinzu und die von vor fünf Wochen fällt heraus. Die Berechnung sieht dann so aus:

8,30 + 8,14 + 8,16 + 8,07 = 32,67 : 4 = **8,1675**

Da nicht mit vier oder noch mehr Nachkommastellen gearbeitet werden soll, wird das Ergebnis auf zwei Nachkommastellen kaufmännisch auf- bzw. abgerundet. Den gleitenden Vier-Wochen-Durchschnitt der Umlaufrendite tragen Sie also am 03.02.1984 mit 8,17 Prozent in die Tabelle ein.

Praxis-Tip:

Diese Berechnung des gleitenden Durchschnitts können Sie problemlos mit einem Taschenrechner oder aber mit jedem Tabellenkalkulationsprogramm auf Ihrem PC vornehmen.

Nachdem Sie alle Berechnungen des Vier-Wochen-Durchschnitts aus den Umlaufrenditen des Beispiels vorgenommen haben, sieht die Tabelle nun so aus:

Datum	Umlaufrendite	Vier-Wochen-Durchschnitt
06.01.84	8,24	——
13.01.84	8,30	——
20.01.84	8,14	——
27.01.84	8,16	8,21
03.02.84	8,07	8,17
10.02.84	8,07	8,11
17.02.84	7,93	8,06
24.02.84	7,90	7,99
02.03.84	7,78	7,92
09.03.84	7,81	7,86
16.03.84	7,78	7,82
23.03.84	7,92	7,82
30.03.84	7,89	7,85

Als nächstes müssen Sie nun die Regeln für den Ein- und Ausstieg am Aktienmarkt kennenlernen.

20-Prozent-Signal

Ein Einstiegssignal für den Aktienmarkt liegt vor, wenn der Vier-Wochen-Durchschnitt der Umlaufrendite von seinem letzten Hoch um mindestens 20 Prozent gefallen ist. Zum Ausstieg wird „geklingelt“, wenn er vom letzten Tiefpunkt mindestens 20 Prozent gestiegen ist.

Mit dem ersten Vier-Wochen-Durchschnitt am 27.01.1984 haben Sie sowohl einen Hoch- als auch einen Tiefpunkt, da Ihnen die anschließenden Daten ja an diesem Tage noch nicht zur Verfügung standen.

Datum	Umlaufrendite	Vier-Wochen-Durchschnitt
06.01.84	8,24	——
13.01.84	8,30	——
20.01.84	8,14	——
27.01.84	8,16	8,21

Sie hätten errechnen müssen, wann ein Einstiegs- und wann ein Ausstiegssignal erreicht ist.

Das Einstiegssignal ist gegeben, wenn der Vier-Wochen-Durchschnitt der Umlaufrendite auf mindestens 80 Prozent des Wertes vom 27.01.1984 gefallen ist:

$$\frac{8{,}21 \text{ x } 80}{100} = \mathbf{6{,}568}$$

■ *Wichtig:*

Sowohl beim Vier-Wochen-Durchschnitt als auch bei der Berechnung der Signale verwenden Sie immer zwei Nachkommastellen und runden kaufmännisch auf bzw. ab.

Damit liegt ein Einstiegssignal für den Aktienmarkt vor, wenn der Vier-Wochen-Durchschnitt der Umlaufrendite auf **6,57** Prozent oder darunter fällt.

Das Ausstiegssignal liegt vor, wenn der Vier-Wochen-Durchschnitt der Umlaufrendite auf mindestens 120 Prozent des Wertes vom 27.01.1984 angestiegen ist. Die Berechnung hierfür sieht so aus:

$$\frac{8{,}21 \times 120}{100} = \mathbf{9{,}852}$$

Wenn der Vier-Wochen-Durchschnitt der Umlaufrendite auf 9,85 Prozent oder darüber ansteigt, ist es höchste Zeit, die Aktienbestände zu verkaufen.

Durch die nächste Wochenschlußrendite von 8,07 Prozent am 03.02.1984 verändert sich auch der Vier-Wochen-Durchschnitt. Er beträgt nunmehr 8,17 Prozent.

Aus der Tabelle ab Seite 117 können Sie zwar ersehen, daß sich die Umlaufrendite in der Zukunft verringert, aber an diesem Tage stand diese Information natürlich noch nicht zur Verfügung. Und da mit 8,17 Prozent gegenüber 8,21 Prozent in der Vorwoche ein neuer Tiefpunkt erreicht wurde, hätten Sie ein neues Ausstiegssignal errechnen müssen:

$$\frac{8{,}17 \times 120}{100} = \mathbf{9{,}804}$$

Das neue Börsenausstiegssignal hätte somit bei 9,80 Prozent gelegen.

Im Moment erscheint Ihnen die Berechnung vielleicht noch recht kompliziert und sehr zeitaufwendig. Aber in der Praxis ist es wesentlich einfacher:

Wenn Sie am Aktienmarkt engagiert sind, warten Sie auf ein rechtzeitiges Ausstiegssignal. Und wenn Ihr Geld anderweitig angelegt ist, suchen Sie nur ein günstiges Einstiegssignal. Sie wissen in der Praxis also immer, welches Signal als nächstes kommen muß, und müssen nicht ständig beide Signalmöglichkeiten errechnen. Dieses ist nur zum Beginn der Aufzeichnungen erforderlich gewesen. Wenn Sie Ihre eigenen Aufzeichnungen anhand der ab Seite 117 vorhandenen Daten fortführen, ist die Ermittlung der Signale fast ein Kinderspiel.

Aus den Daten des Anhanges wissen Sie, daß die Umlaufrendite in den folgenden Wochen und Monaten fällt. Sie müssen also lediglich darauf achten, ob das bisherige Hoch des Vier-Wochen-Durchschnitts der Umlaufrendite von 8,21 Prozent am 27.01.1984 nochmals überschritten wird und sich damit auch Ihr berechnetes Einstiegssignal für den Aktienmarkt verändert oder ob der Vier-Wochen-Durchschnitt auf das bisher errechnete Einstiegssignal (siehe Seite 29) von 6,57 Prozent oder darunter fällt.

Am 09.08.1985 beträgt der Vier-Wochen-Durchschnitt der Umlaufrendite 6,55 Prozent und liegt damit unter den errechneten 6,57 Prozent. Somit liegt ein Einstiegssignal für den deutschen Aktienmarkt vor. Nachdem Sie jetzt Ihr Geld in Aktien angelegt haben, beschränken Sie sich nunmehr auf die Ermittlung und Überwachung des Ausstiegssignals.

Praxis-Tip:

Alle Aktien werden sofort verkauft, wenn der Vier-Wochen-Durchschnitt der Umlaufrendite um mindestens 20 Prozent über seinen letzten Tiefpunkt angestiegen ist.

Nach dem Einstiegssignal am 09.08.1985 erreicht der Vier-Wochen-Durchschnitt am 13.09.1985 mit 6,28 Prozent seinen nächsten Tiefpunkt. Daraus errechnet sich ein Ausstiegssignal bei 7,54 Prozent oder höher:

$$\frac{6{,}28 \text{ x } 120}{100} = \mathbf{7{,}536}$$

In den folgenden Wochen und Monaten überprüfen Sie, ob die Rendite auf die Marke von 7,54 Prozent oder darüber steigt. Oder ob sich ein neuer Tiefpunkt unterhalb von 6,28 Prozent herausbildet und damit ein neues Ausstiegssignal ermittelt werden muß.

Der Renditewert von 7,54 Prozent wird nicht erreicht. Nach einem Anstieg bis auf 6,60 Prozent am 15.11.1985 sinkt der Vier-Wochen-Durchschnitt der Umlaufrendite wieder und erreicht am 02.05.1986 mit 5,45 Prozent einen neuen Tiefpunkt. Somit muß das Börsenausstiegssignal neu ermittelt werden, es liegt nunmehr bei 6,54 Prozent:

$$\frac{5{,}45 \times 120}{100} = \mathbf{6{,}54}$$

Wieder beobachten Sie in der folgenden Zeit, ob dieses Ausstiegssignal überschritten oder der bisherige Tiefpunkt vom 02.05.1986 mit 5,45 Prozent unterschritten wird.

Der Vier-Wochen-Durchschnitt der Umlaufrendite klettert bis auf 6,04 Prozent (14.11./21.11.1986), um anschließend wieder zu sinken. Der Ausstiegswert von 6,54 Prozent wurde nicht erreicht. Aber am 29.05.1987 gibt es mit 5,28 Prozent einen neuen Tiefpunkt. Das Verkaufssignal für die Aktien muß also neu berechnet werden, es liegt jetzt bei 6,34 Prozent:

$$\frac{5{,}28 \times 120}{100} = \mathbf{6{,}336}$$

Dieses Timingsignal wird dann am 09.10.1987 mit exakt 6,34 Prozent des Vier-Wochen-Durchschnitts der Umlaufrendite erreicht. Alle Aktien werden daher sofort verkauft.

Nun heißt es wieder, ein neues Einstiegssignal für ein Aktienengagement zu ermitteln und sein Eintreffen abzuwarten. Ein neues Renditehoch erscheint bereits am 23.10.1987 mit 6,54 Prozent im Vier-Wochen-Durchschnitt. Daraus errechnet sich ein Einstiegssignal bei 5,23 Prozent oder darunter:

$$\frac{6{,}54 \times 80}{100} = \mathbf{5{,}232}$$

Zwar fällt der Vier-Wochen-Durchschnitt der Umlaufrendite bis auf 5,63 Prozent (18.03./25.03.1988), steigt dann aber wieder kräftig an, bis er am 12.10.1990 mit 9,17 Prozent einen neuen Hochpunkt erklimmt. Das Signal für eine Aktieninvestition liegt nunmehr vor, wenn der Vier-Wochen-Durchschnitt der Umlaufrendite auf 7,34 Prozent oder darunter sinkt:

$$\frac{9,17 \times 80}{100} = \mathbf{7,336}$$

Am 13.11.1992 ist es soweit. Der gleitende Durchschnitt der Umlaufrendite ist mit 7,31 Prozent unter den Signalwert gefallen. Sie legen ihr Geld somit wieder in deutsche Aktien an.

Ein neues Renditetief, für die Berechnung des Verkaufssignals der Aktien, wird am 14.01.1994 mit 5,45 Prozent erreicht. Das Ausstiegssignal liegt damit bei 6,54 Prozent oder darüber:

$$\frac{5,45 \times 120}{100} = \mathbf{6,54}$$

Am 10.06.1994 erreicht der Vier-Wochen-Durchschnitt der Umlaufrendite mit 6,61 Prozent dieses Timingsignal. Alle Aktien werden daher sofort verkauft.

Mit 7,51 Prozent gibt es am 13.01.1995 ein neues Renditehoch. Daraus errechnet sich das nächste Signal für eine Aktieninvestition bei 6,01 Prozent oder tiefer:

$$\frac{7,51 \times 80}{100} = \mathbf{6,008}$$

Dieses Kaufsignal erfüllt sich am 10.11.1995 mit 5,96 Prozent beim gleitenden Durchschnitt der Umlaufrendite. Sie investieren wieder am Aktienmarkt.

Die anschließend ermittelten Verkaufssignale aus den folgenden Renditetiefpunkten von 4,86 Prozent am 28.02.1997:

$$\frac{4,86 \times 120}{100} = \mathbf{5,832}$$

und 3,69 Prozent am 25.12.1998:

$$\frac{3,69 \times 120}{100} = \mathbf{4,428}$$

wurden bis zum Redaktionsschluß am 31.12.1998 noch nicht erreicht.

Schauen Sie nun, welche Börsengewinne/-verluste uns diese Timingstrategie einbrachte:

Aktien-kauf am	DAX-Stand	Aktienver-kauf am	DAX-Stand	Gewinn/Verlust
09.08.1985	1.026	09.10.1987	1.478	+ 44,1 %
13.11.1992	1.548	10.06.1994	2.133	+ 37,8 %
10.11.1995	2.172	31.12.1998*)	5.002	+ 130,3 %

*) Obwohl noch kein Verkaufssignal vorlag, wurde das Depot am 31.12.98 (Redaktionsschluß) aus Vergleichsgründen glattgestellt.

Ein schöner Erfolg: Jedes Aktieninvestment hat einen satten Gewinn gebracht! Der Gesamtgewinn mit **+ 212,2** Prozent kann sich durchaus sehen lassen.

Achtung:

Ein kritischer Blick auf die nachfolgende Grafik offenbart aber die Schwächen dieser Strategie.

DAX-Monatsschlußkurse

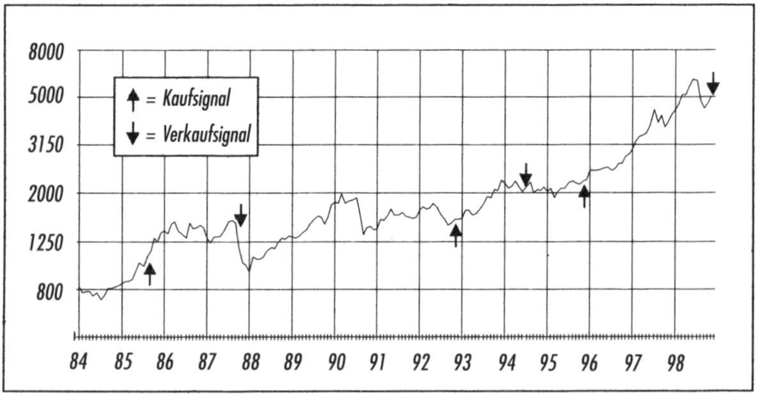

Das Einstiegssignal für den Börsenaufschwung von Ende 1984 bis Oktober 1987 kam Anfang August 1985 recht spät.

- Das Ausstiegssignal am 09.10.1987 kam goldrichtig vor dem unmittelbar bevorstehenden Börsencrash, bei dem der DAX innerhalb kürzester Zeit einen Rückgang um fast 40 Prozent hinnehmen mußte.
- Der Börsenaufschwung vom 29.01.1988 (DAX-Stand 935) bis 30.03.1990 (DAX-Stand 1.968) mit einem Anstieg des Börsenbarometers von über 110 Prozent wurde völlig verschlafen.
- Das Einstiegssignal am 10.11.1995 kam dagegen zu einem passablen Zeitpunkt.
- Der Ausstieg am 31.12.1998 kann nicht bewertet werden, da hier ja kein richtiges Ausstiegssignal vorlag, sondern lediglich wegen des Redaktionsschlusses eine Glattstellung erfolgte.

Vielleicht war der Prozentsatz, den Sie für die Signale gewählt haben, einfach nur zu hoch angesetzt. Versuchen Sie es einmal mit 10 Prozent.

10-Prozent-Signal

Wie Sie im vorangegangenen Abschnitt gesehen haben, weist die 20-Prozent-Regel des Vier-Wochen-Durchschnitts der Umlaufrendite noch einige Mängel auf. Vielleicht lassen sie sich ja ganz einfach dadurch beheben, daß zur Signalfindung für den Ein- und Ausstieg am Aktienmarkt ein kleinerer Prozentsatz für die Veränderung der Umlaufrendite gewählt wird. Also versuchen Sie es mit einer zehnprozentigen Veränderung. Die neue Regel lautet somit:

Ein Einstiegssignal für den deutschen Aktienmarkt liegt vor, wenn der Vier-Wochen-Durchschnitt der Umlaufrendite von seinem letzten Hochpunkt um mindestens 10 Prozent gefallen ist. Anschließend werden die Aktien wieder verkauft, wenn er vom letzten Tiefpunkt um mindestens 10 Prozent gestiegen ist.

Die Vorgehensweise zur Ermittlung der Signal-Renditen wurden bereits auf Seite 29 ausführlich beschrieben und erklärt. Bei Bedarf kann sie dort noch einmal nachgelesen werden.

In der folgenden Tabelle ist das Ergebnis der Überprüfung der 10-Prozent-Regel mit folgenden Angaben aufgelistet:

- der Hoch-/Tiefpunkte (H/T) des Vier-Wochen-Durchschnitts der Umlaufrendite mit Datum und Prozentsatz
- bereits errechnete Signal-Rendite für den Einstieg bzw. Ausstieg am Aktienmarkt
- der Zeitpunkt, an dem die errechnete Signal-Rendite erreicht wurde
- der DAX-Stand, wenn ein Kauf- bzw. Verkaufssignal vorlag
- die Gewinn-/Verlustermittlung anhand der DAX-Veränderungen zwischen Kauf- und Verkaufssignal

10-Prozent-Signale

Renditehoch-/ -tiefpunkte		Ermittelte Signal-Rendite	Signal erfüllt am:	mit Prozentsatz	DAX Stand	Gewinn bzw. Verlust in %
Datum	Prozentsatz					
27.01.84 H	8,21	7,39	19.10.84	7,38	815	
02.05.86 T	5,45	6,00	07.11.86	6,02	1.429	+ 75,3
14.11.86 H	6,04	5,44	10.04.87	5,44	1.298	
29.05.87 T	5,28	5,81	07.08.87	5,88	1.559	+ 20,1
23.10.87 H	6,54	5,89	05.02.88	5,89	980	
18.03.88 T	5,64	6,19	08.07.88	6,20	1.197	+ 22,1
12.10.90 H	9,17	8,25	24.01.92	8,16	1.664	
14.01.94 T	5,45	6,00	11.03.94	6,07	2.103	+ 26,4
13.01.95 H	7,51	6,76	28.04.95	6,76	2.015	
26.01.96 T	5,32	5,85	22.03.96	5,86	2.504	+ 24,3
05.07.96 H	6,02	5,42	11.10.96	5,41	2.686	
25.12.98 T	3,69	4,06	31.12.98	*)	5.002	+ 86,2
					Gesamtgewinn/-verlust:	**+ 254,4 %**

*) Verkaufssignal noch nicht erfüllt, aber Glattstellung wegen Redaktionsschluß.

DAX-Monatsschlußkurse

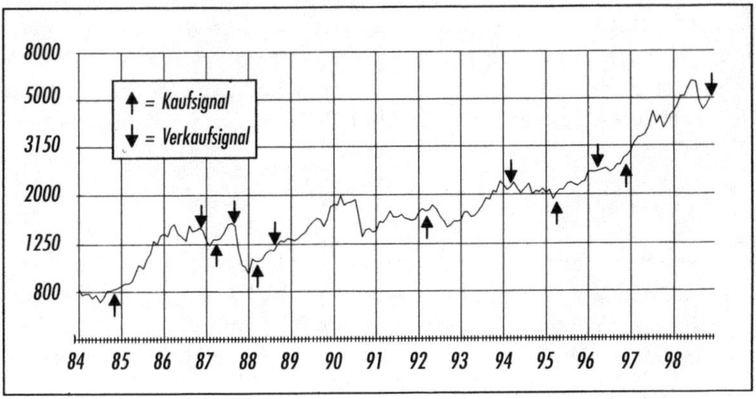

Das Gesamtergebnis der 10-Prozent-Regel ist mit plus 254,4 Prozent um 42 Prozent besser als bei der 20-Prozent-Regel (plus 212,2 Prozent). Dabei darf aber nicht außer acht gelassen werden, daß hierbei doppelt so viele Transaktionen vorgenommen wurden und bei jedem Aktienkauf und -verkauf Spesen anfallen. Aber es gibt noch weitere Schwachstellen:

- *19.10.1984–07.11.1986*

Hier kamen die Signale für den Kauf und Verkauf der Aktien nahezu optimal. Dieses spiegelt sich auch im Gewinn von 75 Prozent in gerade einmal zwei Jahren recht deutlich wieder.

- *10.04.1987–07.08.1987*

Auch dieses Ein- und Ausstiegssignal war vom Kursverlauf her hervorragend. Da aber hier die Spekulationsfrist von sechs Monaten nicht eingehalten wurde, mußten die Kursgewinne versteuert werden. Was, je nach persönlichem Steuersatz, eine mehr oder weniger deutliche Gewinnreduzierung verursachte.

- *05.02.1988–08.07.1988*

Der Einstiegszeitpunkt war gut, aber das Signal zum Ausstieg kam viel zu früh. Der DAX kletterte in dieser Aufwärtsbewegung der Börse noch bis auf über 1.900 Punkte. Dennoch schloß auch dieses Engagement mit über 20 Prozent Gewinn ab.

- *24.01.1992–11.03.1994*

Im Gegensatz zum vorhergehenden Aktieninvestment war diesmal das Ausstiegssignal gut und dafür das Einstiegssignal unbefriedigend. Wäre das Kaufsignal für Aktien rund acht Monate später gekommen, dann hätte sich der erzielte Gewinn fast verdoppelt.

- *28.04.1995–22.03.1996*

Das Signal für den Aktienerwerb kam rechtzeitig vor dem folgenden Börsenaufschwung. Aber das „Klingeln“ zum Ausstieg war schlecht, denn die Aktienkurse stiegen noch bis zum nächsten Einstiegssignal nach knapp sechs Monaten weiter. Durch den Ausstieg und Wiedereinstieg innerhalb von einem halben Jahr fielen rund 2,5 Prozent Spesen an, die die Rendite unnütz schmälerten.

- *11.10.1996–31.12.1998*

Wie bereits erläutert, verursachte das Wiedereinstiegssignal überflüssige Spesen. Darüber hinaus wurden die Aktien zu Kursen, die rund 7,3 Prozent über denen des Verkaufssignals vor sechs Monaten lagen, zurückgekauft. Ein Verkaufssignal hat es bis zum Redaktionsschluß nicht gegeben. Aus Gründen der Vergleichbarkeit wurde das Depot per 31.12.1998 abgeschlossen.

Die goldene Mitte

Sowohl die 20-Prozent-Regel als auch die 10-Prozent-Regel brachten im Gesamtvergleich respektable Ergebnisse. Weil sie aber in den einzelnen Börsenaufschwungphasen die unterschiedlichsten Schwächen offenbarten, versuchen Sie es jetzt einmal mit der goldenen Mitte:

Ein Signal für den Aktienerwerb liegt vor, wenn der Vier-Wochen-Durchschnitt der Umlaufrendite von seinem letzten Hoch um mindestens 15 Prozent gefallen ist. Die Aktien werden anschließend wieder veräußert, wenn er vom letzten Tief um mindestens 15 Prozent angezogen hat.

Die „Goldene Mitte" lieferte nahezu perfekte Signale für ein Aktienengagement, was sich auch im Gesamtergebnis mit einem Gewinn von 276,5 Prozent deutlich wiederspiegelt. Diese Prozentregel erbrachte einen Gewinn, der um rund 22 Prozent höher liegt als bei der 10-Prozent-Regel und ca. 65 Prozent besser ist als bei der 20-Prozent-Regel.

Die Ein- und Ausstiegssignale für den Aktienmarkt sind für diese 15-Prozent-Regel nachfolgend tabellarisch und grafisch dargestellt.

15-Prozent-Signale

Renditehoch-/ -tiefpunkte		Ermittelte Signal-Rendite	Signal erfüllt am:	mit Prozentsatz	DAX Stand	Gewinn bzw. Verlust in %
Datum	**Prozentsatz**					
27.01.84 H	8,21	6,98	21.12.84	6,98	817	
29.05.87 T	5,28	6,07	11.09.87	6,07	1.509	+ 84,7
12.10.90 H	9,17	7,79	09.10.92	7,68	1.439	
14.01.94 T	5,45	6,27	29.04.94	6,28	2.245	+ 56,0
13.01.95 H	7,51	6,38	09.06.95	6,37	2.121	
25.12.98 T	3,69	4,24	31.12.98	*)	5.002	+ 135,8
					Gesamtgewinn/-verlust:	**+ 276,5 %**

*) Verkaufssignal noch nicht erfüllt, aber Glattstellung wegen Redaktionsschluß.

DAX-Monatsschlußkurse

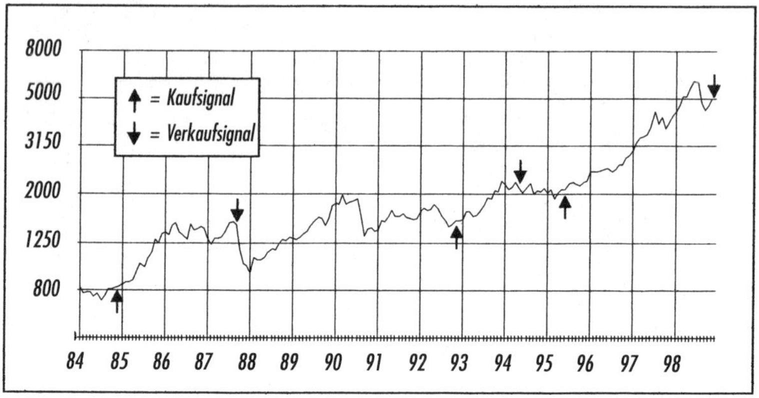

- *21.12.1984–11.09.1987*

Einstiegs- und Ausstiegssignal waren optimal. Das Signal für den Aktienkauf kam frühzeitig vor dem Aufschwung und das „Klingeln" zum Börsenausstieg rechtzeitig vor dem großen Börsencrash im Oktober 1987.

- *09.10.1992–29.04.1994*

Die Zeitpunkte für den Aktienkauf und -verkauf waren auch hier nahezu perfekt. Einstiegssignal am Beginn der Aufwärtsbewegung am Aktienmarkt, Ausstiegssignal in Nähe des Börsenhochs, bevor die anschließende langfristige, nach unten gerichtete Seitwärtsbewegung begann.

- *09.06.1995–31.12.1998*

Auch hier erfolgte der Aktienkauf bereits am Anfang des Börsenaufschwungs. Die Abrechnung zum 31.12.1998 erfolgte nur wegen des Redaktionschlusses, ein Verkaufssignal lag bis zu diesem Zeitpunkt noch nicht vor.

Achtung:

Dennoch gibt es auch hier ein Manko: Bei Anwendung dieser Regel wurde der Börsenaufschwung von 1989 bis 1990 mit der Möglichkeit, einen Gewinn von rund 110 Prozent einzustreichen, gänzlich verpaßt, da es kein entsprechendes Einstiegssignal gab.

Praxis-Tip:

Mit nur sechs Transaktionen (besonders spesenfreundlich) liefert die „Goldene Mitte" eine hervorragende Performance.

Die „wilde 13"

Die „Goldene Mitte" brachte mit ihren Signalen zwar Top-Ergebnisse:

- Dezember 1984–September 1987 — 84,7 Prozent Gewinn
- Oktober 1992–April 1994 — 56,0 Prozent Gewinn
- Juni 1995–Dezember 1998 — 135,8 Prozent Gewinn

Dennoch ist die 15-Prozent-Regel mit dem Manko behaftet, daß sie für den rund 110%igen Börsenaufschwung von Anfang 1988 bis Ende 1990 kein Einstiegssignal lieferte. Dadurch ist Ihnen die Möglichkeit eines satten Gewinnes entgangen.

Achtung:

Für diesen Aktienaufschwung hat bisher lediglich die 10-Prozent-Regel ein Kaufsignal geliefert. Wie Sie jedoch auf Seite 35 ff. gesehen haben, weist diese Regel dafür beträchtliche Schwächen an anderen Stellen auf.

Hilft die „wilde 13" weiter? Hier die Regel:

Ein Aktieninvestment wird eingegangen, wenn der Vier-Wochen-Durchschnitt der Umlaufrendite von seinem letzten Hoch um mindestens 13 Prozent zurückgefallen ist. Die Aktien werden wieder verkauft, wenn er vom letzten Tiefpunkt um mindestens 13 Prozent angestiegen ist.

In der nachfolgenden Tabelle ist das Resultat in der bekannten Form aufgelistet und anschließend als Grafik dargestellt:

13-Prozent-Signale						
Renditehoch-/ -tiefpunkte		**Ermittelte Signal-Rendite**	**Signal erfüllt am:**	**mit Prozent-satz**	**DAX Stand**	**Gewinn bzw. Verlust in %**
Datum	**Prozentsatz**					
27.01.84 H	8,21	7,14	30.11.84	7,12	811	
29.05.87 T	5,28	5,97	21.08.87	5,97	1.548	+ 90,9
23.10.87 H	6,54	5,69	04.03.88	5,67	1.076	
18.03.88 T	5,63	6,36	29.07.88	6,40	1.181	+ 9,8
12.10.90 H	9,17	7,98	02.10.92	7,85	1.478	
14.01.94 T	5,45	6,16	25.03.94	6,20	2.130	+ 44,1
13.01.95 H	7,51	6,53	26.05.95	6,52	2.077	
26.01.96 T	5,32	6,01	05.07.96	6,02	2.583	+ 24,4
05.07.96 H	6,02	5,24	29.11.96	5,23	2.845	
25.12.98 T	3,69	4,17	31.12.98	*)	5.002	+ 75,8
					Gesamtgewinn/-verlust:	**+ 245,0 %**

*) Verkaufssignal noch nicht erfüllt, aber Glattstellung wegen Redaktionsschluß

DAX-Monatsschlußkurse

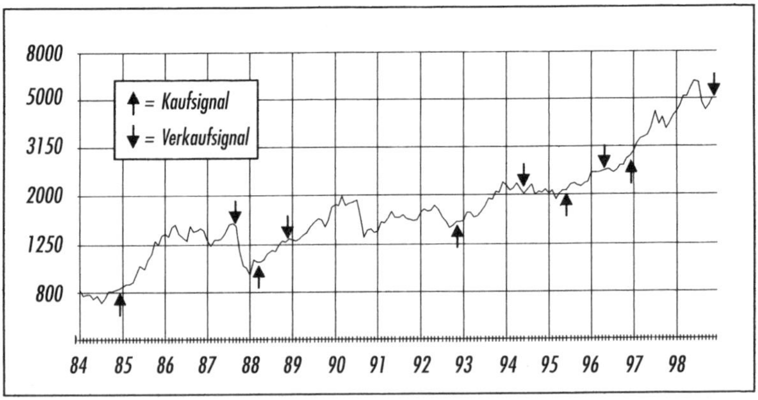

Das Gesamtergebnis ist mit einem Gewinn von 245,0 Prozent das drittbeste aller untersuchten Varianten. Gegenüber der 15-Prozent-Regel – mit dem besten Resultat – hat diese 13-Prozent-Regel den Vorteil, daß sie auch ein Einstiegssignal rechtzeitig zum Beginn der großen Börsenaufschwungphase von Anfang 1988 bis Ende 1990 lieferte. Natürlich kommt auch hier, genau wie bei der 10-Prozent-Regel – welche das zweitbeste Resultat lieferte – das „Klingeln" zum Börsenausstieg am 29.07.1988 viel zu früh. Denn entgegen dem „normalen" Aktien-Rendite-Verlauf steigen in diesen drei Jahren Aktienkurse und Zinsen gleichzeitig gewaltig an.

Ebenso war das Ausstiegssignal am 05.07.1996 und das neuerliche Einstiegssignal am 29.11.1996, knapp fünf Monate später, überflüssig. Dadurch wird die Aktienrendite für den Zeitraum 1995 bis 1997 deutlich geschmälert. Neben den anfallenden Spesen von rund 2,5 Prozent für Aktienverkauf und anschließenden Aktienneukauf erfolgte der Wiedereinstieg an der Börse bei einem DAX-Stand, der gut 10 Prozent über dem des Verkaufserlöses lag.

Schwachstellen-Analyse in komprimierter Form

Wie Sie festgestellt haben, läßt sich mit allen aufgestellten und überprüften Zinsregeln des Vier-Wochen-Durchschnitts der Umlaufrendite reichlich Geld an der Börse verdienen. Nur hat jede der Regeln ihre Schwachstellen.

Auf einen Blick: Schwachstellen

- **20-Prozent-Regel (Gewinn: 212,2 Prozent)**

  Hier kamen die Signale, bedingt durch den hohen Prozentsatz, teilweise recht spät bzw. fehlte ein Einstiegssignal für den Börsenaufschwung 1989 bis 1990 gänzlich.

- **10-Prozent-Regel (Gewinn: 254,4 Prozent)**

  Aufgrund des geringen Prozentsatzes kamen die Signale zu früh, so daß die sechsmonatige Spekulationsfrist oftmals nicht eingehalten wurde. Die Anhäufung von Signalen führte zu hohen Spesen.

- **15-Prozent-Regel (Gewinn: 276,5 Prozent)**

  Diese Regel lieferte das beste Gesamtergebnis aller überprüften Varianten, aber leider fehlte ein Signal für den Aktienerwerb in der Aufschwungphase 1989 bis 1990.

- **13-Prozent-Regel (Gewinn: 245,0 Prozent)**

  Das Einstiegssignal zum Börsenanstieg 1989 bis 1990 wurde zwar gegeben, aber der Ausstieg viel zu früh signalisiert. Auch der Ausstieg im Juli 1996 und der spätere Wiedereinstieg im November 1996 waren uneffektiv.

Der Durchbruch mit der Kombi-Methode

Sie haben gesehen, daß sich mit allen untersuchten Zinsregeln an der Börse Geld verdienen läßt, daß sie aber alle ihre ganz speziellen Schwachstellen haben. Neben den verschiedensten Schattenseiten haben sie jedoch auch Sonnenseiten unterschiedlichster Art.

Durch die Kombination von zwei Prozentsätzen sollen jetzt die Schwachpunkte eliminiert und die positiven Seiten genutzt werden, um das Gesamtergebnis weiter zu verbessern. Die Regel:

Dazu wird als Einstiegssignal in den Aktienmarkt die 13-Prozent-Regel verwendet, weil sie auch ein entsprechendes Signal für den Börsenaufschwung 1989 bis 1990 lieferte.

Beim Ausstiegssignal entscheiden Sie sich für die 20-Prozent-Regel. Durch den hohen Prozentsatz garantiert sie einerseits langandauernde Aktieninvestments, und andererseits kamen ihre Verkaufssignale immer noch rechtzeitig vor den großen Börseneinbrüchen.

Das Ergebnis dieser doppelten Zinsstrategie spiegelt sich in der Tabelle und der Grafik auf der nächsten Seite wieder.

13/20-Prozent-Signale

Renditehoch-/ -tiefpunkte		Ermittelte Signal-Rendite	Signal erfüllt am:	mit Prozent-satz	DAX Stand	Gewinn bzw. Verlust in %
Datum	**Prozentsatz**					
27.01.84 H	8,21	7,14	30.11.84	7,12	811	
29.05.87 T	5,28	6,34	09.10.87	6,34	1.478	+ 82,2
23.10.87 H	6,54	5,69	04.03.88	5,67	1.076	
18.03.88 T	5,63	6,76	24.02.89	6,85	1.288	+ 19,7
12.10.90 H	9,17	7,98	02.10.92	7,85	1.478	
14.01.94 T	5,45	6,54	10.06.94	6,61	2.133	+ 44,3
13.01.95 H	7,51	6,53	26.05.95	6,52	2.077	
25.12.98 T	3,69	4,17	31.12.98	*)	5.002	+ 140,8
					Gesamtgewinn/-verlust:	**+ 287,0 %**

*) Verkaufssignal noch nicht erfüllt, aber Glattstellung wegen Redaktionsschluß

DAX-Monatsschlußkurse

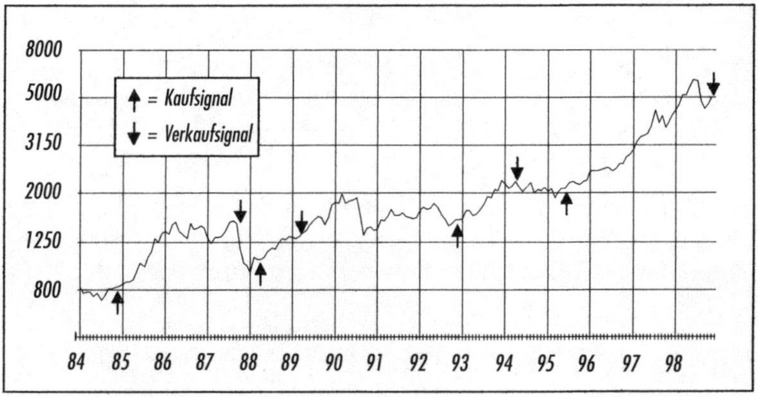

Die Kombi-Methode hat sich bestens bewährt. Das Ergebnis mit einem Gewinn von 287,0 Prozent ist das beste Resultat aller überprüften Strategien.

Zwar kam auch hier das Ausstiegssignal während des Börsenaufschwunges in den Jahren 1989 bis 1990 noch viel zu früh, was aber durch den „unnormalen“ gleichzeitigen Anstieg von Zinsen und Aktienkursen bedingt war. Darüber hinaus wurde nach dem zeitigen Börsenausstieg unser Kapital auf dem Depot-Gegenkonto durch den scharfen Zinsanstieg noch recht ordentlich verzinst.

Beim Crash in Raten im Spätsommer 1998, als Zinsen und Aktienkurse gemeinsam fielen, wäre ein rechtzeitiges Ausstiegs- und anschließendes Wiedereinstiegssignal wünschenswert gewesen – aber eine absolut sichere Börsenstrategie gibt es nicht.

Wie Sie bereits gesehen haben, beeinflussen kurzfristige Trendwechsel den langfristigen Erfolg aber nur minimal, wenn die Börsenstrategie insgesamt logisch aufgebaut ist.

Damit steht die Timing-Strategie fest:

- Aktien werden dann gekauft, wenn der Vier-Wochen-Durchschnitt der Umlaufrendite von seinem letzten Hoch um mindestes 13 Prozent zurückgefallen ist.
- Sobald der Vier-Wochen-Durchschnitt der Umlaufrendite von seinem letzten Tief um mindestens 20 Prozent angestiegen ist, werden alle Aktien wieder veräußert.
- Nach dem Aktienverkauf verbleibt der erzielte Erlös bis zum nächsten Börseneinstiegssignal auf dem Depot-Gegenkonto (Tagesgeldkonto bei einer Direktbank).

Das optimale Timing zum Ein- und Ausstieg am Aktienmarkt ist aber erst die halbe Miete. Für den kontinuierlichen Börsenerfolg ist auch die richtige Aktienauswahl entscheidend.

Aktien erfolgreich auswählen

3

Blue Chips kontra Nebenwerte

Als nächstes ist nun auszuwählen, ob das Börsenengagement in den Standardaktien, auch Blue Chips genannt, oder in Nebenwerten erfolgen soll.

Die Blue Chips bilden die 30 im DAX enthaltenen Titel. Zu den Aktien der zweiten Reihe gehören die 70 Unternehmen, die im M-DAX enthalten sind. Und alle anderen gehandelten Werte betrachtet man mehr oder weniger als Nebenwerte.

Bei den Nebenwerten liegt das Problem darin, daß ihre Börsenumsätze teilweise sehr gering sind. Das bedeutet, daß eine größere Kauf- oder Verkaufsorder oftmals hektische Kursausschläge nach oben bzw. nach unten hervorruft. Bei den Aktien der zweiten Reihe (M-DAX) sind die täglichen Umsätze schon wesentlich höher. Die größten täglichen Börsenumsätze entfallen jedoch auf die im DAX enthaltenen 30 Titel. Das hat den Vorteil, daß bei diesen Papieren auch größere Order keine überdimensionierten Kursausschläge hervorrufen. Aber es gibt noch weitere, nicht zu unterschätzende Vorzüge bei den Blue Chips:

- Diese 30 Top-Unternehmen der deutschen Wirtschaft werden auch von ausländischen Investoren bevorzugt.
- Die riesigen Geldsammelstellen der Fonds mit Anlageschwerpunkt Deutschland investieren ebenfalls enorme Beträge in diese Papiere.
- Darüber hinaus gibt es eine Vielzahl von Aktienfonds, die als Anlageziel die verschiedensten Indizes nachbilden – selbstverständlich auch das Barometer der deutschen Börse, den DAX. Diese Fonds müssen also zwangsläufig die im DAX enthaltenen Aktien – und nur diese – in ihr Portfolio aufnehmen.

Beispiel:

Bei der Börseneinführung der Deutschen Telekom (T-Aktie) waren diese Vorteile unübersehbar. Der Kurs der Aktie stieg von 33,90 DM am ersten Handelstag (18.11.1996) kontinuierlich an. Nach nur vier Monaten (21.03.1997) wurde die Aktie bereits mit 38,10 DM gehandelt. Das entspricht einem Gewinn von 12,4 Prozent. Obwohl vorher einige Börsenbriefe und etliche Zeitungsartikel einem Engagement in die T-Aktie skeptisch gegenüberstanden, war ein anfänglicher Kursanstieg nahezu unvermeidlich. Die Gründe dafür liegen auf der Hand: Mit der Börseneinführung wurde die T-Aktie auch gleich in das deutsche Börsenbarometer, den DAX, aufgenommen und damit waren alle Fonds – insbesondere die, die den DAX nachbilden – quasi gezwungen diesen Wert in ihr Depot aufzunehmen. Da sie sich aber aufgrund der vielfachen Überzeichnung nicht über die Emmissionshäuser mit den entsprechenden Stückzahlen eindecken konnten, mußten sie die Papiere anschließend über den regulären Börsenhandel erwerben. Und diese riesige Nachfrage mußte die Kurse der T-Aktien zwangsläufig in die Höhe schnellen lassen.

Dennoch vertreten viele Banker und auch etliche Börsenbriefe die Auffassung, daß sich mit diesen angeblich langweiligen Standardwerten kein Geld verdienen läßt. Aber genau das Gegenteil ist richtig. Mit einem guten Timing und der richtigen Aktienauswahl läßt sich gerade mit den DAX-Werten relativ risikofrei Geld verdienen.

Auf Favoriten oder Nachzügler setzen?

Auch wenn der allgemeine Börsentrend aufwärts gerichtet ist, gibt es Aktien, die schneller und höher steigen als andere. Es gibt Favoriten und Nachzügler. Mal steigen die Papiere aus dem Chemiesektor kräftiger als alle anderen Werte. Dann sind die Bank- oder Automobilaktien die Favoriten. Danach sind es vielleicht die Anteilsscheine der Technologieunternehmen oder der Bauwirtschaft, die überproportional steigen. In allen Börsenphasen gibt es diese sogenannte Branchenrotation.

▪ *Achtung:*

Ein überdurchschnittlicher Kursanstieg, z.B. der Automobilbranche, bedeutet aber nicht zwangsläufig, daß alle Automobilaktien daran teilhaben müssen. So kann es durchaus vorkommen, daß z.B. VW und BMW respektable Kursgewinne verbuchen, während sich der Kurs von Daimler Benz zur gleichen Zeit kaum von der Stelle bewegt.

Man könnte nun schnell der Versuchung unterliegen, sein Kapital in diejenigen Aktien zu investieren, die bisher erst unterdurchschnittlich vom Börsenaufschwung profitiert haben. Nach dem Motto: Die Nachzügler müssen die Favoriten doch einholen!

In einigen Fällen wird diese Strategie sicherlich zutreffen, aber in anderen Fällen ist der geringe Kursanstieg der Aktie XY trotz eines allgemeinen kräftigen Börsenaufschwungs in unternehmensspezifischen Faktoren begründet. Und bis diese kursdrükkenden Faktoren nicht ausgeräumt sind, wird die Aktie XY trotz Hausse keine großen Kursgewinne abwerfen.

Aber auch der Gegenversuch, also der Erwerb der Aktien, die bislang die größten Kursgewinne erzielt haben, kann danebengehen. Warum sollen gerade die Papiere, die bisher schon überproportional im Verhältnis zum Gesamtmarkt (DAX) gestiegen sind, auch in Zukunft die Index-Performance schlagen? Hier kann die Berechnung der Dividendenrendite weiterhelfen.

Die Dividendenrendite berechnen

Die vom Unternehmen an die Anteilseigner ausgeschüttete Dividende stellt für den Aktionär die Verzinsung, also die Rendite seines eingesetzten Kapitals dar. Diese Dividendenrendite wird folgendermaßen errechnet:

$$\frac{\text{Dividende x 100}}{\text{Aktienkurs}} = \text{Dividendenrendite}$$

Zwar erwirbt niemand wegen der Dividendenrendite – da diese immer mehr oder weniger unter der Rendite festverzinslicher Wertpapiere liegt – Aktien, sondern wegen der erhofften Kursgewinne. Wie bereits dargestellt, besteht zwischen der Rendite am Kapitalmarkt und der Aktienrendite in bezug auf steigende oder fallende Börsenkurse ein enger Zusammenhang. Aus diesem Grund wird hier die Dividendenrendite als Indikator zur Aktienauswahl verwendet.

Jeweils am Quartalsende notieren Sie die aktuellen Kurse (nur volle DM-Beträge ohne Rundung!) der 30 DAX-Titel und die zuletzt gezahlte Dividende dieser Unternehmen aus dem Börsenteil Ihrer Tageszeitung. Anschließend ermitteln Sie nach der oben beschriebenen Formel die Dividendenrendite mit drei Nachkommastellen für alle 30 DAX-Werte. Für den 28.09.1984 sieht die Tabelle dann so aus:

Aktien-gesellschaft	**letzte gezahlte Dividende**	**Kurs 28.09.84**	**Div. Rendite**	**Rang**	**Top-Five**
AEG	0,00	111	0,000		
Allianz Holding	10,00	999	1,001		
BASF	7,00	158	4,430	4	2
Bayer	7,00	173	4,046	5	
Bay. Hypobank	9,00	289	3,114		
Bay. Vereinsbank	11,00	321	3,427	9	
BMW *Stämme*	11,00	390	2,821		
Commerzbank	8,00	166	4,819	2	4
Continental	3,00	127	2,362		
Daimler	10,50	590	1,780		
Degussa	9,00	370	2,432		
Deutsche Babcock	0,00	167	0,000		
Deutsche Bank	12,00	363	3,306	10	
Dresdner Bank	6,00	166	3,614	8	4
Hoechst	7,00	173	4,046	5	
Hoesch	0,00	99	0,000		
Karstadt	6,00	242	2,479		
Kaufhof *Stämme*	6,50	227	2,863		
KHD	5,00	258	3,101		
Linde	9,00	385	2,338		
Lufthansa *Stämme*	2,50	161	1,553		
MAN *Stämme*	0,00	153	0,000		
Mannesmann	6,00	155	3,871	7	1

Aktien-gesellschaft	letzte gezahlte Dividende	Kurs 28.09.84	Div. Rendite	Rang	Top-Five
Nixdorf Computer	0,00	537	0,000		
RWE *Stämme*	8,00	160	5,000	1	3
Schering	10,50	389	2,699		
Siemens	8,00	436	1,835		
Thyssen	0,00	78	0,000		
Veba	7,50	168	4,464	3	
VW *Stämme*	0,00	182	0,000		

Grundsätzlich wird zur Berechnung der Dividendenrendite die Höhe der nächsten erwarteten Dividende und nicht die zuletzt gezahlte Dividende herangezogen. Die künftig erwartete Dividende ist aber lediglich eine Schätzung, die je nach Analyst unterschiedlich hoch ausfällt. Da hier aber nur konkretes Zahlenmaterial verwendet werden soll, wird die zuletzt ausgezahlte Dividende der Unternehmen für die Berechnungen herangezogen.

Top-Five: die besten Aktien

Sobald der Timing-Indikator zum Einstieg in den deutschen Aktienmarkt „geklingelt" hat, nehmen Sie Ihre Tabelle mit den Eintragungen vom letzten Quartalsende zur Hand, um die erfolgversprechensten Papiere herauszusuchen. Nun ermitteln Sie zuerst die zehn Titel mit der höchsten Dividendenrendite. Diese sind in dem Beispiel nach der vorstehenden Tabelle.

- RWE Stämme, Commerzbank, Veba, BASF, Bayer, Hoechst, Mannesmann, Dresdner Bank, Bayerische Vereinsbank und Deutsche Bank

Anschließend suchen Sie sich unter den zehn Renditespitzenreitern die fünf Papiere mit dem niedrigsten Kurs heraus. Dabei zählt einzig und allein die Höhe des Kurses, unabhängig davon, ob es sich bei der Aktie um ein 5-DM-Stück oder ein 50-DM-Stück handelt! Am 28.09.1984 sind das die Papiere von:

- Mannesmann, BASF, RWE Stämme, Commerzbank und Dresdner Bank

In diese so ermittelten fünf Aktien investieren Sie Ihr Kapital zu möglichst gleichgroßen Teilen. Sie nehmen nur fünf Papiere in Ihr Depot auf, damit es nicht unübersichtlich wird. Um trotz der Übersichtlichkeit noch eine gewisse Risikostreuung zu haben, ist es nicht ratsam, weniger als diese fünf Titel im Depot zu haben. Warum Sie die fünf Werte mit dem niedrigsten Kurs auswählen sollen, hat folgenden Grund: Diese Papiere sind die optisch billigsten!

Depotüberprüfung: einmal im Jahr

Sofern der Timing-Indikator nicht vorher zum Ausstieg „läutet", ermitteln Sie nach Ablauf eines Jahres erneut die Top-Five nach dem oben beschriebenen Schema und schichten Ihr Depot gegebenenfalls um. Gleichzeitig werden alle zwischenzeitlich erhaltenen Dividenden reinvestiert. Die nur einmal im Jahr durchgeführte Depotüberprüfung hat mehrere Vorteile:

- Alle aufgelaufenen Kursgewinne sind bei einem Aktientausch steuerfrei, da die Spekulationsfrist von sechs Monaten eingehalten wurde.
- Die zu zahlenden Spesen für den Aktienkauf und -verkauf belasten den Gesamtertrag nur minimal.
- Der benötigte Zeitaufwand ist äußerst gering, da ein ständiges Überwachen der Aktien nicht erforderlich ist, sondern lediglich auf ein eventuelles Ausstiegssignal aus dem Aktienmarkt durch den Timing-Indikator geachtet werden muß.

Praxis-Tip:

Sobald der Timing-Indikator nach der Kombi-Methode der Umlaufrendite ein Börsenausstiegssignal geliefert hat, wird das gesamte Depot aufgelöst. Es werden also unverzüglich alle gehaltenen Aktien veräußert. Der Erlös wird bis zum nächsten Börseneinstiegssignal auf dem Depot-Gegenkonto belassen. Hierbei sollte es sich um ein Tagesgeldkonto bei einer Direktbank handeln, denn diese verzinsen auch täglich verfügbares Geld regelmäßig in Höhe des jeweils gültigen Diskontsatzes. Holen Sie zum Vergleich mehrere Angebote von verschiedenen Direktbanken ein.

Eine Umschichtung in Rentenwerte (festverzinsliche Wertpapiere) ist nicht sinnvoll, weil nach einem Börsenausstiegssignal durch den Timing-Indikator die Kapitalmarktzinsen im Regelfall anziehen, und bei ansteigenden Zinsen fallen die Kurse der Rentenpapiere. Auch eine Anlage als Termingeld ist nicht ratsam. Zum einen ist Ihr Kapital dann für einen bestimmten Zeitraum fest angelegt, steht also bei einem eventuellen Börseneinstiegssignal durch den Timing-Indikator nicht sofort zur Verfügung. Und zum anderen liegen die Zinsen für 30 oder 90 Tage Termingeld kaum über dem Zinssatz für Tagesgeldkonten bei den Direktbanken.

Damit ist Ihre Börsenstrategie komplett!

Die Börsenstrategie systematisch nutzen

4

Checkliste: Prüfkriterien

Jetzt heißt es nur noch zu überprüfen, wie erfolgreich das gesamte System in der Vergangenheit war. Die Prüfung des Börsensystems umfaßt den Zeitraum vom 01.01.1984–31.12.1998 (Redaktionsschluß). In dieser Zeit gab es neben großen Aufschwungphasen auch den Börsencrash im Oktober 1987, den dramatischen Kurseinbruch im Herbst 1990, den Crash in Raten im Spätsommer 1998 und langfristige Seitwärtsbewegungen am deutschen Aktienmarkt. Die Zuverlässigkeit der Zins-Kombi-Methode muß sich damit in den unterschiedlichsten Börsenszenarien bewähren. Nachfolgend sind alle Transaktionen an der Börse und die Zinseinnahmen auf dem Depot-Gegenkonto (Tagesgeldkonto) chronologisch aufgeführt. Das Gesamtergebnis und die minimalen quartalsmäßigen Schwankungen werden Sie begeistern.

Prüfkriterien

- Das Anlagekapital verbleibt solange auf dem Depot-Gegenkonto (Tagesgeldkonto bei einer Direktbank), bis der Timing-Indikator den Börseneinstieg signalisiert.
- Auf dem Tagesgeldkonto erfolgt eine Kapitalverzinsung mit dem jeweils geltenden Diskontsatz der Deutschen Bundesbank.
- Ein Börseneinstiegssignal liegt vor, wenn der Vier-Wochen-Durchschnitt der durchschnittlichen Umlaufrendite von seinem letzten Hochpunkt um mindestens 13 Prozent gefallen ist. Nach einem Einstiegssignal wird das gesamte zur Verfügung stehende Anlagekapital in deutsche Aktien (DAX-Werte) investiert.
- Die Aktienauswahl erfolgt aufgrund der Dividendenrendite der einzelnen Titel. Hierbei wird die zuletzt ausgezahlte Nettodividende der Unternehmen und der Aktienkurs vom Quartalsende vor dem Einstiegssignal ins Verhältnis gesetzt.
- Aus den zehn Titeln mit der höchsten Dividendenrendite werden die fünf Papiere (Top-Five) mit dem niedrigsten

Kurs, unabhängig davon, ob es sich um 5-DM-Stücke oder um 50-DM-Stücke handelt, ausgewählt.

- Der verfügbare Anlagebetrag wird in die Top-Five investiert, so daß einerseits eine möglichst gleichmäßige Aufteilung erfolgt und andererseits so wenig Barbestand wie möglich übrigbleibt.
- Eine Überprüfung der im Depot gehaltenen Aktien erfolgt am ersten Quartalsende nach Ablauf von zwölf Monaten. Dadurch werden unnötige An- und Verkaufsspesen vermieden, und sämtliche Kursgewinne sind steuerfrei.
- Sämtliche Aktien werden sofort verkauft, wenn der Timing-Indikator ein Börsenausstiegssignal geliefert hat. Dieses liegt vor, wenn der Vier-Wochen-Durchschnitt der durchschnittlichen Umlaufrendite vom letzten Tiefpunkt um mindestens 20 Prozent angestiegen ist.
- Der Erlös aus dem Aktienverkauf verbleibt bis zum nächsten Börseneinstiegssignal auf dem Depot-Gegenkonto und wird dort mit dem jeweils geltenden Diskontsatz der Deutschen Bundesbank verzinst.
- Alle Erträge (Zinsen, Dividenden, Kursgewinne) werden reinvestiert.
- Bei allen Aktienkäufen und -verkäufen werden jeweils 1,25 Prozent Spesen veranschlagt.
- Alle Dividendeneinnahmen verbleiben bis zur nächsten Depotüberprüfung auf dem Depot-Gegenkonto und werden erst dann angelegt.

Dividende

Da lediglich die Nettodividende berücksichtigt wurde, verbessert sich das Gesamtergebnis für all diejenigen, die ihren Sparerfreibetrag noch nicht ausgeschöpft haben, um die Körperschaftssteuergutschrift (bis 31.12.1994: 56,25 Prozent; ab 01.01.1995: 42,86 Prozent). Eine Verzinsung auf dem Depot-Gegenkonto bis zur Wiederanlage hat aus Gründen der Übersichtlichkeit nicht stattgefunden; auch sie verbessert das Ergebnis zusätzlich.

Spesen

Da die Höhe der An- und Verkaufsspesen von Bank zu Bank unterschiedlich sind und zusätzlich von der Anlagesumme abhängt, wurde mit 1,25 Prozent ein Durchschnittswert gewählt.

Die Transaktionen – anschaulich und chronologisch erläutert

Die Strategieprüfung umfaßt den Zeitraum vom 01.01.1984–31.12.1998. Da ein Einstieg in den Aktienmarkt erst am 30.11.1984 durch den Timing-Indikator signalisiert wird, verbleibt das Anlagekapital bis zu diesem Zeitpunkt auf dem Depot-Gegenkonto und wird dort mit dem jeweils geltenden Diskontsatz verzinst.

Diskontsatz:

01.01.1984–28.06.1984 = 4,0 Prozent
29.06.1984–30.11.1984 = 4,5 Prozent

▪ *Wichtig:*

Bei der tageweisen Zinsberechnung wird jeder Monat immer mit 30 Tagen gerechnet, unabhängig davon, wieviel Tage er tatsächlich hat. Als Anlagekapital stehen 10.000 DM zur Verfügung.

Zinszeitraum	Tage	Zinsen	Gesamtkapital
01.01.84–28.06.84	178	197,78	10.197,78
29.06.84–30.11.84	152	190,00	10.387,78

Börseneinstiegssignal 1984

Anlagekapital	Ankaufsspesen 1,25%	Anlagebetrag
10.387,78	129,85	10.257,93

Achtung:

Korrekterweise werden die Ankaufsspesen vom tatsächlich investierten Betrag und nicht schon vom zur Verfügung stehenden Betrag berechnet. Aus Gründen der Übersichtlichkeit wurde es hier anders gehandhabt. Bei korrekter Berechnung würde sich das Gesamtergebnis nur minimal verbessern.

Nach dem Einstiegssignal durch den Timing-Indikator am 30.11.1984 ermitteln Sie nun die Top-Five anhand der Daten aus der Quartalsschlußtabelle vom 28.09.1984:

Aktien-gesellschaft	letzte gezahlte Dividende	Kurs 28.09.84	Div. Rendite	Rang	Top-Five
AEG	0,00	111	0,000		
Allianz Holding	10,00	999	1,001		
BASF	7,00	158	4,430	4	2
Bayer	7,00	173	4,046	5	
Bay. Hypobank	9,00	289	3,114		
Bay. Vereinsbank	11,00	321	3,427	9	
BMW *Stämme*	11,00	390	2,821		
Commerzbank	8,00	166	4,819	2	4
Continental	3,00	127	2,362		
Daimler	10,50	590	1,780		
Degussa	9,00	370	2,432		
Deutsche Babcock	0,00	167	0,000		
Deutsche Bank	12,00	363	3,306	10	
Dresdner Bank	6,00	166	3,614	8	4
Hoechst	7,00	173	4,046	5	

Aktien-gesellschaft	**letzte gezahlte Dividende**	**Kurs 28.09.84**	**Div. Rendite**	**Rang**	**Top-Five**
Hoesch	0,00	99	0,000		
Karstadt	6,00	242	2,479		
Kaufhof *Stämme*	6,50	227	2,863		
KHD	5,00	258	3,101		
Linde	9,00	385	2,338		
Lufthansa *Stämme*	2,50	161	1,553		
MAN *Stämme*	0,00	153	0,000		
Mannesmann	6,00	155	3,871	7	1
Nixdorf Computer	0,00	537	0,000		
RWE *Stämme*	8,00	160	5,000	1	3
Schering	10,50	389	2,699		
Siemens	8,00	436	1,835		
Thyssen	0,00	78	0,000		
Veba	7,50	168	4,464	3	
VW *Stämme*	0,00	182	0,000		

Das zur Verfügung stehende Anlagekapital wird in die Papiere von **BASF, Commerzbank, Dresdner Bank, Mannesmann** und **RWE *Stämme*** (Top-Five) investiert. Aktienanzahl, Kaufkurse und Depotentwicklung sind aus der folgenden Aufstellung ersichtlich:

Anlagebetrag: 10.257,93 DM

Aktien-gesellschaft	**Aktien-anzahl**	**Kurs 30.11.84**	**Kurs 28.12.84**	**Kurs 29.03.85**
Mannesmann	12	146	149	160
RWE *Stämme*	12	166	165	155
Dresdner Bank	12	189	192	186
BASF	12	173	186	197
Commerzbank	12	174	169	164
Barbestand:		81,93	81,93	81,93
Depotwert:		10.176,00	10.332,00	10.344,00
Gesamtwert:		**10.257,93**	**10.413,93**	**10.425,93**

Aktien-gesellschaft	Aktien-anzahl	Kurs 28.06.85	Kurs 30.09.85	Kurs 30.12.85
Mannesmann	12	189	225	289
RWE *Stämme*	12	184	212	193
Dresdner Bank	12	257	291	450
BASF	12	218	235	269
Commerzbank	12	211	238	367
Barbestand:		81,93	81,93	81,93
Depotwert:		12.708,00	14.412,00	18.816,00
Gesamtwert:		**12.789,93**	**14.493,93**	**18.897,93**

In der Zeit vom 30.11.1984–30.12.1985 wurden auf unsere im Depot gehaltenen Papiere folgende Dividenden ausgezahlt und dem Depot-Gegenkonto gutgeschrieben:

Aktien-gesellschaft	HV-Termin	Dividende	Aktien-anzahl	Gesamt-dividende
Mannesmann	04.07.85	4,00	12	48,00
RWE *Stämme*	01.03.85	8,00	12	96,00
Dresdner Bank	10.05.85	7,50	12	90,00
BASF	28.06.85	9,00	12	108,00
Commerzbank	17.05.85	6,00	12	72,00
				414,00

Der Barbestand setzte sich damit am 30.12.1985 wie folgt zusammen:

Bisheriger Barbestand:	81,93 DM
Dividendeneinnahmen:	+ 414,00 DM
Neuer Barbestand:	**495,93 DM**

Depotüberprüfung 1985

Seit dem Aktienerwerb ist nunmehr ein Jahr vergangen. Das Depot wird daher anhand der Daten aus der Quartalsschlußtabelle vom 30.12.1985 überprüft. Und sofern die im Depot vorhandenen Papiere nicht mehr zu den Top-Five gehören, werden sie umgehend veräußert und durch die neu ermittelten Werte ersetzt.

Aktien-gesellschaft	letzte gezahlte Dividende	Kurs 30.12.85	Div. Rendite	Rang	Top-Five
Allianz Holding	11,00	2075	0,530		
BASF	9,00	269	3,346	2	2
Bayer	9,00	270	3,333	3	3
Bay. Hypobank	10,00	506	1,976	10	
Bay. Vereinsbank	11,00	533	2,064	9	
BMW *Stämme*	12,50	569	2,197	7	
Commerzbank	6,00	367	1,635		
Continental	3,00	165	1,818		
Daimler	10,50	1244	0,844		
Degussa	9,50	427	2,225	6	
Deutsche Babcock	3,00	210	1,429		
Deutsche Bank	12,00	937	1,281		
Dresdner Bank	7,50	450	1,667		
Feldmühle Nobel	0,00	289	0,000		
Henkel *Vorzüge*	0,00	408	0,000		
Hoechst	9,00	291	3,093	4	4
Karstadt	7,00	330	2,121	8	
Kaufhof *Stämme*	6,50	350	1,857		
Linde	10,00	602	1,661		
Lufthansa *Stämme*	3,50	229	1,528		
MAN *Stämme*	0,00	233	0,000		
Mannesmann	4,00	289	1,384		
Nixdorf Computer	9,00	562	1,601		
RWE *Stämme*	8,00	193	4,145	1	1

Aktien-gesellschaft	letzte gezahlte Dividende	Kurs 30.12.85	Div. Rendite	Rang	Top-Five
Schering	12,00	635	1,890		
Siemens	10,00	756	1,323		
Thyssen	0,00	170	0,000		
Veba	9,00	296	3,041	5	5
Viag	0,00	158	0,000		
VW *Stämme*	5,00	492	1,016		

Als neue Top-Five wurden **RWE *Stämme*, BASF, Bayer, Hoechst** und **Veba** ermittelt.

Die nicht mehr enthaltenen Werte Commerzbank, Dresdner Bank und Mannesmann werden veräußert. Aus dem Verkaufserlös und den noch vorhandenen Barmitteln werden Papiere von Bayer, Hoechst und Veba erworben.

Verkauf:

Aktien-gesellschaft	Aktien-anzahl	Kurs 30.12.85	Gesamter Kurswert
Mannesmann	12	289	3.468,00
Commerzbank	12	367	4.404,00
Dresdner Bank	12	450	5.400,00
			13.272,00

Kurswert:	13.272,00 DM
Spesen für Aktienverkauf:	– 165,90 DM
Auszahlungsbetrag:	13.106,10 DM
Barbestand:	+ 495,93 DM
Gesamtkapital:	13.602,03 DM
Spesen für Aktienkauf:	– 170,03 DM
Betrag für Neuanlage:	**13.432,00 DM**

Für den Neuanlagebetrag werden Aktien von Bayer, Hoechst und Veba wie folgt erworben:

Ankauf:

Aktien-gesellschaft	Kurs 30.12.85	Aktien-Anzahl	Gesamter Kurswert
Bayer	270	16	4.320,00
Hoechst	291	15	4.365,00
Veba	296	16	4.736,00
			13.421,00

An Barmitteln stehen somit noch **11,00 DM** (13.432,00 DM Betrag für Neuanlage abzüglich 13.421,00 DM Kosten für Aktienkauf) auf dem Depot-Gegenkonto.

Durch den Aktienumtausch aufgrund der Quartalsschlußberechnungen und die Neuanlage der im letzten Jahr vereinnahmten Dividenden hat Ihr Depot am 30.12.1985 nunmehr folgendes Aussehen.

Hinweis:

Gleichzeitig ist die Depotentwicklung bis zum 30.12.1986 in den nächsten zwei Tabellen wiedergegeben.

Aktien-gesellschaft	Aktien-anzahl	Kurs 30.12.85	Kurs 27.03.86	Kurs 30.06.86
RWE *Stämme*	12	193	236	210
BASF	12	269	321	262
Bayer	16	270	339	291
Hoechst	15	291	316	263
Veba	16	296	305	270
Barbestand:		11,00	11,00	11,00
Depotwert:		18.965,00	21.728,00	18.585,00
Gesamtwert:		**18.976,00**	**21.739,00**	**18.596,00**

Aktien-gesellschaft	**Aktien-anzahl**	**Kurs 30.09.86**	**Kurs 30.12.86**
RWE *Stämme*	12	201	241
BASF	12	272	275
Bayer	16	290	317
Hoechst	15	259	269
Veba	16	290	298
Barbestand:		11,00	11,00
Depotwert:		18.841,00	20.067,00
Gesamtwert:		**18.852,00**	**20.078,00**

In der Zeit vom 01.01.1985–30.12.1986 wurden auf Ihre im Depot gehaltenen Papiere folgende Dividenden ausgezahlt und dem Depot-Gegenkonto gutgeschrieben:

Aktien-gesellschaft	**HV-Termin**	**Dividende**	**Aktien-anzahl**	**Gesamt-dividende**
RWE *Stämme*	27.02.86	8,00	12	96,00
BASF	26.06.86	10,00	12	120,00
Bayer	19.06.86	10,00	16	160,00
Hoechst	03.06.86	10,00	15	150,00
Veba	10.07.86	10,00	16	160,00
				686,00

Der Barbestand setzte sich somit am 30.12.1986 wie folgt zusammen:

Bisheriger Barbestand:	11,00 DM
Dividendeneinnahmen:	+ 686,00 DM
Neuer Barbestand:	**697,00 DM**

Depotüberprüfung 1986

Seit dem Aktientausch ist wiederum ein Jahr vergangen. Das Depot wird daher anhand der Daten aus der Quartalsschlußtabelle vom 30.12.1986 überprüft. Und sofern die im Depot vorhandenen Papiere nicht mehr zu den Top-Five gehören, werden sie umgehend veräußert und durch die neu ermittelten Werte ersetzt.

Aktien-gesellschaft	letzte gezahlte Dividende	Kurs 30.12.86	Div. Rendite	Rang	Top-Five
Allianz Holding	10,00	2293	0,436		
BASF	10,00	275	3,636	3	
Bayer	10,00	317	3,155	8	
Bay. Hypobank	12,50	570	2,193		
Bay. Vereinsbank	12,50	532	2,350		
BMW *Stämme*	12,50	585	2,137		
Commerzbank	8,00	310	2,581	10	
Continental	5,00	344	1,453		
Daimler	12,00	1233	0,973		
Degussa	10,00	479	2,088		
Deutsche Babcock	3,00	204	1,471		
Deutsche Bank	12,00	821	1,462		
Dresdner Bank	10,00	406	2,463		
Feldmühle Nobel	5,00	289	1,730		
Henkel *Vorzüge*	3,00	489	0,613		
Hoechst	10,00	269	3,717	2	
Karstadt	7,00	486	1,440		
Kaufhof *Stämme*	7,00	522	1,341		
Linde	11,00	715	1,538		
Lufthansa *Stämme*	3,50	180	1,944		
MAN *Stämme*	5,50	195	2,821	9	4
Mannesmann	6,00	170	3,529	4	3
Nixdorf Computer	10,00	745	1,342		
RWE *Stämme*	8,00	241	3,320	6	5

Aktien-gesellschaft	letzte gezahlte Dividende	Kurs 30.12.86	Div. Rendite	Rang	Top-Five
Schering	12,00	686	1,749		
Siemens	12,00	746	1,609		
Thyssen	5,00	124	4,032	1	1
Veba	10,00	298	3,356	5	
Viag	5,00	158	3,165	7	2
VW *Stämme*	10,00	425	2,353		

Als neue Top-Five wurden **Thyssen, Viag, Mannesmann, MAN *Stämme*** und **RWE *Stämme*** ermittelt.

Die nicht mehr enthaltenen Werte BASF, Bayer, Hoechst und Veba werden veräußert. Aus dem Verkaufserlös und den noch vorhandenen Barmitteln werden Papiere von Thyssen, Viag, Mannesmann und MAN erworben.

Verkauf:

Aktien-gesellschaft	Aktien-anzahl	Kurs 30.12.86	Gesamter Kurswert
BASF	12	275	3.300,00
Bayer	16	317	5.072,00
Hoechst	15	269	4.035,00
Veba	16	298	4.768,00
			17.175,00

Kurswert:	17.175,00 DM
Spesen für Aktienverkauf:	– 214,69 DM
Auszahlungsbetrag:	16.960,31 DM
Barbestand:	+ 697,00 DM
Gesamtkapital:	17.657,31 DM
Spesen für Aktienkauf:	– 220,72 DM
Betrag für Neuanlage:	**17.436,59 DM**

Für den Neuanlagebetrag werden Aktien von Thyssen, Viag, Mannesmann und MAN wie folgt erworben:

Ankauf:

Aktien-gesellschaft	**Kurs 30.12.86**	**Aktien-anzahl**	**Gesamter Kurswert**
Thyssen	124	36	4.464,00
Viag	158	28	4.424,00
Mannesmann	170	25	4.250,00
MAN *Stämme*	195	22	4.290,00
			17.428,00

An Barmitteln stehen nun noch **8,59 DM** (17.436,59 DM Betrag für Neuanlage abzüglich 17.428,00 DM Kosten für Aktienkauf) auf dem Depot-Gegenkonto.

Durch den erneuten Aktienumtausch aufgrund der Quartalsschlußberechnungen und die Neuanlage der im abgelaufenen Jahr vereinnahmten Dividenden enthält Ihr Depot am 30.12.1986 die unten aufgeführten Aktien und entwickelt sich wie folgt weiter:

Aktien-gesellschaft	**Aktien-anzahl**	**Kurs 30.12.86**	**Kurs 31.03.87**	**Kurs 30.06.87**
Thyssen	36	124	120	123
Viag	28	158	168	183
Mannesmann	25	170	169	163
MAN *Stämme*	22	195	157	178
RWE *Stämme*	12	241	216	217
Barbestand:		8,59	8,59	8,59
Depotwert:		20.320,00	19.295,00	20.147,00
Gesamtwert:		**20.328,59**	**19.303,59**	**20.155,59**

Aktien-gesellschaft	Aktien-anzahl	Kurs 30.09.87	Kurs 09.10.87
Thyssen	36	134	138
Viag	28	223	223
Mannesmann	25	177	181
MAN *Stämme*	22	191	197
RWE *Stämme*	12	237	223
Barbestand:		8,59	8,59
Depotwert:		22.539,00	22.747,00
Gesamtwert:		**22.547,59**	**22.755,59**

In der Zeit vom 01.01.1987–09.10.1987 wurden auf Ihre im Depot gehaltenen Papiere folgende Dividenden ausgezahlt und dem Depot-Gegenkonto gutgeschrieben:

Aktien-gesellschaft	HV-Termin	Dividende	Aktien-anzahl	Gesamt-dividende
Thyssen	27.03.87	5,00	36	180,00
Viag	10.07.87	6,00	28	168,00
Mannesmann	08.07.87	5,00	25	125,00
MAN *Stämme*	10.02.87	5,50	22	121,00
RWE *Stämme*	26.02.87	8,00	12	96,00
				690,00

Der Barbestand setzte sich somit am 09.10.1987 wie folgt zusammen:

Bisheriger Barbestand:	8,59 DM
Dividendeneinnahmen:	+ 690,00 DM
Neuer Barbestand:	**698,59 DM**

Börsenausstiegssignal 1987

Am 09.10.1987 gab der Timing-Indikator das Signal zum Börsenausstieg. Das gesamte Depot wurde daraufhin aufgelöst, alle Aktien veräußert. Der Erlös wurde dem Depot-Gegenkonto gutgeschrieben.

Depotwert am 09.10.87	Verkaufsspesen 1,25 %	Erlös	Barbestand	Gesamtkapital
22.747,00	284,34	22.462,66	698,59	**23.161,25**

Das gesamte Kapital (22.462,66 DM aus Aktienverkäufen und 698,59 DM Barbestand) verbleibt bis zum nächsten Börseneinstiegssignal auf dem Depot-Gegenkonto und wird dort mit dem jeweils geltenden Diskontsatz verzinst.

Die Verzinsung der 23.161,25 DM auf dem Tagesgeldkonto ergibt sich aus der folgenden Aufstellung:

Diskontsatz:

23.01.1987–03.12.1987 = 3,00 Prozent
04.12.1987–04.03.1988 = 2,50 Prozent

Zinszeitraum	Tage	Zinsen	Gesamtkapital
10.10.87–03.12.87	54	104,23	23.265,48
04.12.87–04.03.88	91	146,37	23.411,85

Börseneinstiegssignal 1988

Am 04.03.1988 gibt der Timing-Indikator das nächste Börseneinstiegssignal.

Anlagekapital	Ankaufsspesen 1,25%	Anlagebetrag
23.411,85	292,65	23.119,19

Um Ihre Aktienfavoriten für das neue Börsenengagement zu ermitteln, nehmen Sie in gewohnter Weise Ihre Quartalsschlußtabelle zur Hand. Das letzte Quartalsende vor diesem Einstiegssignal war der 30.12.1987. Welche Top-Five die Daten dieser Tabelle lieferten, können Sie der nachfolgenden Auflistung entnehmen.

Aktien-gesellschaft	**letzte gezahlte Dividende**	**Kurs 30.12.87**	**Div. Rendite**	**Rang**	**Top-Five**
Allianz Holding	12,00	1165	1,030		
BASF	10,00	254	3,937	10	
Bayer	10,00	265	3,774		
Bay. Hypobank	12,50	330	3,788		
Bay. Vereinsbank	13,00	320	4,063	7	
BMW *Stämme*	12,50	455	2,747		
Commerzbank	9,00	213	4,225	5	4
Continental	6,00	208	2,885		
Daimler	12,00	583	2,058		
Degussa	10,00	318	3,145		
Deutsche Babcock	3,00	159	1,887		
Deutsche Bank	12,00	387	3,101		
Dresdner Bank	10,00	233	4,292	4	
Feldmühle Nobel	10,00	242	4,132	6	
Henkel *Vorzüge*	7,50	481	1,559		
Hoechst	10,00	251	3,984	9	
Karstadt	8,00	428	1,869		
Kaufhof *Stämme*	8,00	419	1,909		
Linde	12,00	520	2,308		
Lufthansa *Stämme*	3,50	135	2,593		
MAN *Stämme*	5,50	137	4,015	8	3
Mannesmann	5,00	104	4,808	1	1
Nixdorf Computer	10,00	556	1,799		
RWE *Stämme*	8,00	210	3,810		
Schering	12,00	350	3,429		
Siemens	12,00	360	3,333		
Thyssen	5,00	104	4,808	1	1
Veba	10,00	261	3,831		
Viag	6,00	179	3,352		
VW *Stämme*	10,00	225	4,444	3	5

Die neuen Top-Five sind die Aktien von **Thyssen, Mannesmann, MAN *Stämme*, Commerzbank** und **VW *Stämme***.

Das zur Verfügung stehende Anlagekapital (23.119,19 DM) wird möglichst gleichmäßig in die Papiere von Thyssen, Mannesmann, MAN *Stämme*, VW *Stämme* und Commerzbank (Top-Five) investiert. Aktienanzahl, Kaufkurse und Depotentwicklung sind aus den beiden folgenden Tabellen ersichtlich:

Aktien-gesellschaft	**Aktien-anzahl**	**Kurs 04.03.88**	**Kurs 31.03.88**	**Kurs 30.06.88**
Thyssen	38	123	125	145
Mannesmann	39	118	124	157
MAN *Stämme*	30	153	156	186
Commerzbank	20	227	228	226
VW *Stämme*	19	245	238	263
Barbestand:		58,19	58,19	58,19
Depotwert:		23.061,00	23.348,00	26.730,00
Gesamtwert:		**23.119,19**	**23.406,19**	**26.788,19**

Aktien-gesellschaft	**Aktien-anzahl**	**Kurs 30.09.88**	**Kurs 29.12.88**	**Kurs 24.02.89**
Thyssen	38	161	190	207
Mannesmann	39	172	212	207
MAN *Stämme*	30	208	249	243
Commerzbank	20	244	235	234
VW *Stämme*	19	272	349	315
Barbestand:		58,19	58,19	58,19
Depotwert:		29.114,00	34.289,00	33.894,00
Gesamtwert:		**29.172,19**	**34.347,19**	**33.952,19**

In der Zeit vom 05.03.1988–24.02.1989 wurden auf Ihre im Depot gehaltenen Papiere folgende Dividenden ausgezahlt und dem Depot-Gegenkonto gutgeschrieben.

Aktien-gesellschaft	**HV-Termin**	**Dividende**	**Aktien-anzahl**	**Gesamt-dividende**
Thyssen	24.03.88	5,00	38	190,00
Mannesmann	08.07.88	5,00	39	195,00
MAN *Stämme*	09.02.89	6,50	30	195,00
Commerzbank	26.05.88	9,00	20	180,00
VW *Stämme*	30.06.88	10,00	19	190,00
				950,00

Der Barbestand setzt sich somit am 24.02.1989 wie folgt zusammen:

Bisheriger Barbestand:	58,19 DM
Dividendeneinnahmen:	+ 950,00 DM
Neuer Barbestand:	**1.008,19 DM**

Börsenausstiegssignal 1989

Bevor ein Jahr abgelaufen war und der Depotbestand überprüft wurde, gab der Timing-Indikator am 24.02.1989 ein Börsenausstiegssignal. Das gesamte Depot wurde daraufhin aufgelöst, alle Aktien veräußert. Der Erlös wurde dem Depot-Gegenkonto gutgeschrieben.

Depotwert am 24.02.89	**Verkaufs-spesen 1,25 %**	**Erlös**	**Bar-bestand**	**Gesamt-kapital**
33.849,00	423,68	33.470,32	1.008,19	**34.478,51**

Das gesamte Kapital (33.470,32 DM aus Aktienverkäufen und 1.008,19 DM Barbestand) verbleibt bis zum nächsten Börseneinstiegssignal auf dem Depot-Gegenkonto und wird dort mit dem jeweils geltenden Diskontsatz verzinst.

Verzinsung auf dem Tagesgeldkonto von 1989 bis 1991

Die Verzinsung der 34.478,51 DM auf dem Tagesgeldkonto ergibt sich aus der folgenden Aufstellung:

Diskontsätze:

25.02.89–20.04.89 = 4,00 Prozent
21.04.89–29.06.89 = 4,50 Prozent
30.06.89–05.10.89 = 5,00 Prozent
06.10.89–31.01.91 = 6,00 Prozent
01.02.91–15.08.91 = 6,50 Prozent
16.08.91–19.12.91 = 7,50 Prozent
20.12.91–16.07.92 = 8,00 Prozent
17.07.92–14.09.92 = 8,75 Prozent
15.09.92–02.10.92 = 8,25 Prozent

Zinszeitraum	Tage	Zinsen	Gesamtkapital
25.02.89–20.04.89	56	214,53	34.693,04
21.04.89–29.06.89	69	297,38	34.990,42
30.06.89–05.10.89	96	459,71	35.450,13
06.10.89–24.02.90	139	798,75	36.248,88

Bisher wurden Zinsen für den Anlagebetrag von 34.478,51 DM berechnet. Da am 24.02.1990 seit der Erstanlage (24.02.1989) ein Jahr vergangen ist, werden die bisher erwirtschafteten Zinsen dem Konto gutgeschrieben. Zur weiteren Zinsberechnung muß daher das neue Gesamtkapital vom 24.02.1990 in Höhe von 36.248,88 DM herangezogen werden.

Zinszeitraum	Tage	Zinsen	Gesamtkapital
25.02.90–31.01.91	336	2.029,94	38.278,82
01.02.91–24.02.91	24	157,08	38.435,90

Am 24.02.1991 ist das nächste Jahr der Geldanlage vorüber, die weiteren Zinsen müssen nunmehr vom neuen Gesamtkapital in Höhe von 38.435,90 DM berechnet werden.

Zinszeitraum	Tage	Zinsen	Gesamtkapital
25.02.91–15.08.91	171	1.186,71	39.622,61
16.08.91–19.12.91	124	992,93	40.615,54
20.12.91–24.02.92	65	555,19	41.170,73

Wieder ist ein Anlagejahr vorbei, und die weitere Verzinsung erfolgt vom neuen Gesamtkapital in Höhe von 41.170,73 DM.

Zinszeitraum	Tage	Zinsen	Gesamtkapital
25.02.92–16.07.92	142	1.299,17	42.469,90
17.07.92–14.09.92	58	580,39	43.050,29
15.09.92–02.10.92	18	169,83	43.220,12

Börseneinstiegssignal 1992

Am 02.10.1992 gibt der Timing-Indikator das nächste Börseneinstiegssignal.

Anlagekapital	Ankaufsspesen 1,25%	Anlagebetrag
43.220,12	540,25	42.679,87

Um Ihre Aktienfavoriten für das neue Börsenengagement zu ermitteln, nehmen Sie in gewohnter Weise Ihre Quartalsschlußtabelle zur Hand. Das letzte Quartalsende vor diesem Einstiegssignal war der 30.09.1992. Welche Top-Five die Daten dieser Tabelle lieferten, können Sie der folgenden Aufstellung entnehmen.

Aktien-gesellschaft	letzte gezahlte Dividende	Kurs 30.09.92	Div. Rendite	Rang	Top-Five
Allianz Holding	13,50	1720	0,785		
BASF	12,00	205	5,854	2	2
Bayer	13,00	254	5,118	4	
Bay. Hypobank	13,00	381	3,412	10	
Bay. Vereinsbank	13,00	401	3,242		
BMW *Stämme*	12,50	465	2,688		
Commerzbank	10,00	233	4,292	6	5
Continental	0,00	210	0,000		
Daimler	13,00	563	2,309		
Degussa	7,00	288	2,431		
Deutsche Babcock	0,00	132	0,000		
Deutsche Bank	15,00	635	2,362		
Dresdner Bank	12,00	343	3,499	9	
Henkel *Vorzüge*	10,00	563	1,776		
Hoechst	12,00	228	5,263	3	4
Karstadt	12,00	488	2,459		
Kaufhof *Stämme*	10,00	419	2,387		
Linde	15,00	703	2,134		
Lufthansa *Stämme*	0,00	97	0,000		

Aktien-gesellschaft	**letzte gezahlte Dividende**	**Kurs 30.09.92**	**Div. Rendite**	**Rang**	**Top-Five**
MAN *Stämme*	12,00	257	4,669	5	
Mannesmann	9,00	213	4,225	7	3
Metallgesellschaft	10,00	305	3,279		
Preussag	10,00	316	3,165		
RWE *Stämme*	11,00	376	2,926		
Schering	13,00	655	1,985		
Siemens	13,00	574	2,265		
Thyssen	10,00	167	5,988	1	1
Veba	12,00	355	3,380		
Viag	9,00	319	2,821		
VW *Stämme*	11,00	281	3,915	8	

Die ermittelten Top-Five sind die Aktien von **Thyssen, BASF, Mannesmann, Hoechst** und **Commerzbank.**

Das zur Verfügung stehende Anlagekapital (42.679,87 DM) wird wiederum möglichst gleichmäßig in die ermittelten Top-Five (Thyssen, BASF, Mannesmann, Hoechst und Commerzbank) investiert. Aktienanzahl, Kaufkurse und Depotentwicklung sind aus den nachfolgenden beiden Tabellen ersichtlich:

Aktien-gesellschaft	**Aktien-anzahl**	**Kurs 02.10.92**	**Kurs 31.12.92**	**Kurs 31.03.93**
Thyssen	52	163	164	173
BASF	41	208	208	239
Mannesmann	40	214	234	258
Hoechst	37	228	247	256
Commerzbank	36	238	244	302
Barbestand:		111,87	111,87	111,87
Depotwert:		42.568,00	44.339,00	49.459,00
Gesamtwert:		**42.679,87**	**44.450,87**	**49.570,87**

Aktien-gesellschaft	**Aktien-anzahl**	**Kurs 30.06.93**	**Kurs 30.09.93**	**Kurs 30.12.93**
Thyssen	52	192	203	271
BASF	41	236	256	299
Mannesmann	40	267	305	420
Hoechst	37	259	274	310
Commerzbank	36	299	310	386
Barbestand:		111,87	111,87	111,87
Depotwert:		50.687,00	54.550,00	68.517,00
Gesamtwert:		**50.798,87**	**54.661,87**	**68.628,87**

In der Zeit vom 02.10.1992–30.12.1993 wurden auf Ihre im Depot gehaltenen Papiere folgende Dividenden ausgezahlt und dem Depot-Gegenkonto gutgeschrieben:

Aktien-gesellschaft	**HV-Termin**	**Dividende**	**Aktien-anzahl**	**Gesamt-dividende**
Thyssen	19.03.93	6,00	52	312,00
BASF	29.04.93	10,00	41	410,00
Mannesmann	09.07.93	6,00	40	240,00
Hoechst	27.04.93	9,00	37	333,00
Commerzbank	07.05.93	10,00	36	360,00
				1.655,00

Der Barbestand setzte sich somit am 30.12.1993 wie folgt zusammen:

Bisheriger Barbestand:	111,87 DM
Dividendeneinnahmen:	+ 1.655,00 DM
Neuer Barbestand:	**1.766,87 DM**

Depotüberprüfung 1993

Seit dem Aktienerwerb ist nunmehr ein Jahr vergangen. Das Depot wird daher anhand der Daten aus der Quartalsschlußtabelle vom 30.12.1993 überprüft. Und sofern die im Depot vorhandenen Papiere nicht mehr zu den Top-Five gehören, werden sie umgehend veräußert und durch die neu ermittelten Werte ersetzt.

Aktiengesellschaft	letzte gezahlte Dividende	Kurs 30.12.93	Div. Rendite	Rang	Top-Five
Allianz Holding	13,50	2898	0,466		
BASF	10,00	299	3,344	1	2
Bayer	11,00	363	3,030	2	4
Bay. Hypobank	13,00	525	2,476	7	
Bay. Vereinsbank	13,00	571	2,277		
BMW *Stämme*	12,50	714	1,751		
Commerzbank	10,00	386	2,591	6	5
Continental	0,00	268	0,000		
Daimler	13,00	844	1,540		
Degussa	7,00	493	1,420		
Deutsche Babcock	0,00	252	0,000		
Deutsche Bank	15,00	882	1,701		
Dresdner Bank	12,00	457	2,626	5	
Henkel *Vorzüge*	10,00	623	1,605		
Hoechst	9,00	310	2,903	4	3
Karstadt	12,00	589	2,037		
Kaufhof *Stämme*	12,00	536	2,239		
Linde	15,00	943	1,591		
Lufthansa *Stämme*	0,00	169	0,000		
MAN *Stämme*	8,50	409	2,078		
Mannesmann	6,00	420	1,429		
Metallgesellschaft	8,00	269	2,974	3	1
Preussag	10,00	430	2,326	9	
RWE *Stämme*	12,00	516	2,326	9	

Aktien-gesellschaft	letzte gezahlte Dividende	Kurs 30.12.93	Div. Rendite	Rang	Top-Five
Schering	13,00	1135	1,145		
Siemens	13,00	792	1,641		
Thyssen	6,00	271	2,214		
Veba	12,00	514	2,335	8	
Viag	9,00	494	1,822		
VW *Stämme*	2,00	435	0,460		

Die neuen Top-Five sind die Aktien von **Metallgesellschaft, BASF, Hoechst, Bayer** und **Commerzbank**.

Die nicht mehr enthaltenen Werte Thyssen und Mannesmann werden veräußert. Aus dem Verkaufserlös und den noch vorhandenen Barmitteln werden Papiere von Metallgesellschaft und Bayer erworben.

Verkauf:

Aktien-gesellschaft	Aktien-anzahl	Kurs 30.12.93	Gesamter Kurswert
Thyssen	52	271	14.092,00
Mannesmann	40	420	16.800,00
			30.892,00

Kurswert:	30.892,00 DM
Spesen für Aktienverkauf:	– 386,15 DM
Auszahlungsbetrag:	30.505,85 DM
Barbestand:	+ 1.766,87 DM
Gesamtkapital:	32.272,72 DM
Spesen für Aktienkauf:	– 403,41 DM
Betrag für Neuanlage:	**31.869,31 DM**

Für den Neuanlagebetrag werden Aktien von Metallgesellschaft und Bayer wie folgt erworben:

Ankauf:

Aktien-gesellschaft	Aktien-anzahl	Kurs 30.12.93	Gesamter Kurswert
Metallgesellschaft	59	269	15.871,00
Bayer	44	363	15.972,00
			31.843,00

An Barmitteln stehen somit noch **26,31 DM** (31.869,31 DM Betrag für Neuanlage abzüglich 31.843,00 DM Kosten für Aktienkauf) auf dem Depot-Gegenkonto.

Durch den erneuten Aktienumtausch aufgrund der Quartalsschlußberechnungen und die Neuanlage der im abgelaufenen Jahr vereinnahmten Dividenden enthält Ihr Depot am 30.12.93 die unten aufgeführten Aktien und entwickelt sich wie folgt weiter:

Aktien-gesellschaft	Aktien-anzahl	Kurs 30.12.93	Kurs 31.03.94	Kurs 10.06.94
Metallgesellschaft	59	269	205	207
BASF	41	299	315	316
Hoechst	37	310	323	347
Bayer	44	363	375	366
Commerzbank	36	386	355	331
Barbestand:		26,31	26,31	26,31
Depotwert:		69.468,00	66.241,00	66.028,00
Gesamtwert:		**69.494,31**	**66.267,31**	**66.054,31**

In der Zeit vom 01.01.1994–10.06.1994 wurden auf Ihre im Depot gehaltenen Papiere folgende Dividenden ausgezahlt und dem Depot-Gegenkonto gutgeschrieben:

Aktien-gesellschaft	HV-Termin	Dividende	Aktien-anzahl	Gesamt-dividende
Metallgesellschaft	30.03.94	0,00	59	0,00
BASF	28.04.94	8,00	41	328,00
Hoechst	06.04.94	7,00	37	259,00
Bayer	27.04.94	11,00	44	484,00
Commerzbank	27.05.94	12,00	36	432,00
				1.503,00

Der Barbestand setzt sich somit am 10.06.1994 wie folgt zusammen:

Bisheriger Barbestand:	26,31 DM
Dividendeneinnahmen:	+ 1.503,00 DM
Neuer Barbestand:	**1.529,31 DM**

Börsenausstiegssignal 1994

Da der Timing-Indikator am 10.06.1994 das Signal zum Börsenausstieg gab, wurde das gesamte Depot aufgelöst. Alle Aktien wurden verkauft. Der Erlös wurde dem Depot-Gegenkonto gutgeschrieben.

Depotwert am 10.06.94	Verkaufs-spesen 1,25 %	Erlös	Bar-bestand	Gesamt-kapital
66.028,00	825,35	65.202,65	1.529,31	66.731,96

Das gesamte Kapital verbleibt bis zum nächsten Börseneinstiegssignal auf dem Depot-Gegenkonto und wird dort mit dem jeweils geltenden Diskontsatz verzinst. Die Verzinsung der 66.731,96 DM ergibt sich aus der folgenden Aufstellung:

Diskontsatz:

10.06.1994–30.03.1995 = 4,50 Prozent
31.03.1995–26.05.1995 = 4,00 Prozent

Zinszeitraum	Tage	Zinsen	Gesamtkapital
10.06.94–30.03.95	290	2.419,03	69.150,99
31.03.95–26.05.95	56	415,22	69.566,21

Börseneinstiegssignal 1995

Am 26.05.1995 gibt der Timing-Indikator ein neues Börseneinstiegssignal.

Anlagekapital	Ankaufsspesen 1,25%	Anlagebetrag
69.566,21	869,58	68.696,63

Um Ihre Aktienfavoriten für das neue Börsenengagement zu ermitteln, nehmen Sie in gewohnter Weise Ihre Quartalsschlußtabelle zur Hand. Das letzte Quartalsende vor diesem Einstiegssignal war der 31.03.1995. Welche Top-Five die Daten dieser Tabelle lieferten, können Sie der folgenden Auflistung entnehmen.

Aktien-gesellschaft	letzte gezahlte Dividende	Kurs 31.03.95	Div. Rendite	Rang	Top-Five
Allianz Holding	50,00	2380	2,101		
BASF	8,00	280	2,857	8	1
Bayer	11,00	339	3,245	5	4
Bay. Hypobank	14,50	363	3,994	2	5
Bay. Vereinsbank	16,00	395	4,051	1	
BMW *Stämme*	12,50	688	1,817		
Commerzbank	12,00	322	3,727	3	2
Continental	4,00	199	2,010		
Daimler	8,00	622	1,286		
Degussa	10,00	392	2,551		
Deutsche Babcock	0,00	159	0,000		

Aktien-gesellschaft	letzte gezahlte Dividende	Kurs 31.03.95	Div. Rendite	Rang	Top-Five
Deutsche Bank	16,50	651	2,535		
Dresdner Bank	13,50	378	3,571	4	
Henkel *Vorzüge*	10,00	515	1,942		
Hoechst	7,00	285	2,456		
Karstadt	13,00	561	2,317		
Kaufhof *Stämme*	13,50	460	2,935	7	
Linde	14,00	728	1,923		
Lufthansa *Stämme*	0,00	177	0,000		
MAN *Stämme*	8,50	330	2,576	10	3
Mannesmann	5,00	356	1,404		
Metallgesellschaft	0,00	117	0,000		
Preussag	10,00	389	2,571		
RWE *Stämme*	14,00	451	3,104	6	
Schering	14,00	1015	1,379		
Siemens	13,00	648	2,006		
Thyssen	0,00	253	0,000		
Veba	13,00	499	2,605	9	
Viag	9,00	492	1,829		
VW *Stämme*	2,00	349	0,573		

Die neuen Top-Five sind die Aktien von **BASF, Commerzbank, MAN *Stämme*, Bayer** und **Bay. Hypobank.**

Das zur Verfügung stehende Anlagekapital (68.696,63 DM) wird möglichst gleichmäßig in die Papiere von Commerzbank, BASF, MAN *Stämme*, Bayer und Bay. Hypobank investiert. Aktienanzahl, Kaufkurse und Depotentwicklung sind aus den folgenden beiden Tabellen ersichtlich:

Aktien-gesellschaft	**Aktien-anzahl**	**Kurs 26.05.95**	**Kurs 30.06.95**	**Kurs 29.09.95**
BASF	46	302	295	312
Commerzbank	42	330	331	324
Bayer	40	341	343	364
MAN Stämme	36	372	355	399
Bay. Hypobank	37	375	375	359
Barbestand:		37,63	37,63	37,63
Depotwert:		68.659,00	67.847,00	70.167,00
Gesamtwert:		**68.696,63**	**67.884,63**	**70.204,63**

Aktien-gesellschaft	**Aktien-anzahl**	**Kurs 29.12.95**	**Kurs 29.03.96**	**Kurs 28.06.96**
BASF	46	323	398	433
Commerzbank	42	340	341	315
Bayer	40	380	500	535
MAN Stämme	36	397	408	380
Bay. Hypobank	37	361	365	369
Barbestand:		37,63	37,63	37,63
Depotwert:		71.987,00	80.823,00	81.881,00
Gesamtwert:		**72.024,63**	**80.860,63**	**81.918,63**

Zwischenzeitlich haben einige Unternehmen den Nennwert ihrer Aktien von 50 DM auf 5 DM umgestellt. Die dadurch bedingte Änderung der Aktienanzahl in Ihrem Depot erfolgt aus Gründen der Übersichtlichkeit erst bei der nächsten Überprüfung und ggf. Umschichtung.

In der Zeit vom 26.05.1995–28.06.1996 wurden auf Ihre im Depot gehaltenen Papiere folgende Dividenden ausgezahlt und dem Depot-Gegenkonto gutgeschrieben:

Aktien-gesellschaft	HV-Termin	Dividende	Aktien-anzahl	Gesamt-dividende
BASF	09.05.96	14,00	46	644,00
Commerzbank	24.05.96	13,50	42	567,00
Bayer	25.04.96	15,00	40	600,00
MAN *Stämme*	12.12.95	9,50	36	342,00
Bay. Hypobank	22.05.96	14,50	37	536,50
				2.689,50

Der Barbestand setzte sich somit am 28.06.1996 wie folgt zusammen:

Bisheriger Barbestand:	37,63 DM
Dividendeneinnahmen:	+ 2.689,50 DM
Neuer Barbestand:	**2.727,13 DM**

Depotüberprüfung 1996

Seit dem Aktienerwerb ist nunmehr ein Jahr vergangen. Das Depot wird daher anhand der Daten aus der Quartalsschlußtabelle vom 28.06.1996 überprüft. Und sofern die im Depot vorhandenen Papiere nicht mehr zu den Top-Five gehören, werden sie umgehend veräußert und durch die neu ermittelten Werte ersetzt.

Aktien-gesellschaft	**letzte gezahlte Dividende**	**Kurs 28.06.96**	**Div. Rendite**	**Rang**	**Top-Five**
Allianz Holding	15,00	2644	0,567		
BASF	14,00	433	3,233	6	
Bayer*)	1,50	53,55	2,801	8	5
Bay. Hypobank*)	1,45	36,95	3,924	2	1
Bay. Vereinsbank*)	1,50	42,00	3,571	4	3
BMW *Stämme*	13,50	879	1,536		
Commerzbank	13,50	315	4,286	1	
Continental *)	0,50	24,60	2,033		
Daimler	0,00	816	0,000		
Degussa	12,50	516	2,422		
Deutsche Bank*)	1,80	72,15	2,495		
Dresdner Bank*)	1,35	38,20	3,534	5	2
Henkel *Vorzüge*)	1,15	65,80	1,748		
Hoechst*)	1,30	51,40	2,529	9	4
Karstadt	13,00	606	2,145		
Kaufhof *Stämme*	12,00	575	2,087		
Linde	16,00	986	1,623		
Lufthansa *Stämme*	4,00	215	1,860		
MAN *Stämme*	9,50	380	2,500	10	
Mannesmann	8,00	524	1,527		
Metallgesellschaft	0,00	26,15	0,000		
Preussag	12,00	384	3,125	7	
RWE *Stämme*)	1,40	59,20	2,365		
SAP *Vorzüge*)	1,35	226	0,597		
Schering*)	1,55	110,10	1,408		
Siemens*)	1,30	81,50	1,595		
Thyssen	10,00	278	3,597	3	
Veba*)	1,70	80,80	2,104		
Viag	12,00	606	1,980		
VW *Stämme*	6,00	566	1,060		

*) Aktien mit 5,00 DM Nennwert

Die neuen Top-Five sind die Aktien von **Bay. Hypobank, Dresdner Bank, Bay. Vereinsbank, Hoechst** und **Bayer**.

Die nicht mehr enthaltenen Werte BASF, Commerzbank und MAN *Stämme* werden veräußert. Aus dem Verkaufserlös und den noch vorhandenen Barmitteln werden Papiere von Bay. Vereinsbank, Dresdner Bank und Hoechst gekauft.

Verkauf:

Aktien-gesellschaft	Aktien-anzahl	Kurs 28.06.96	Gesamter Kurswert
BASF	46	433	19.918,00
Commerzbank	42	315	13.230,00
MAN Stämme	36	380	13.680,00
			46.828,00

Kurswert:	46.828,00 DM
Spesen für Aktienverkauf:	– 585,35 DM
Auszahlungsbetrag:	46.242,65 DM
Barbestand:	+2.727,13 DM
Gesamtkapital:	48.969,78 DM
Spesen für Aktienkauf:	– 612,12 DM
Betrag für Neuanlage:	**48.357,66 DM**

Für den Neuanlagebetrag werden Aktien der Dresdner Bank, Bay. Vereinsbank und Hoechst wie folgt geordert:

Ankauf:

Aktien-gesellschaft	Aktien-anzahl	Kurs 28.06.96	Gesamter Kurswert
Dresdner Bank	422	38,20	16.120,40
Bay. Vereinsbank	384	42,00	16.128,00
Hoechst	313	51,40	16.088,20
			48.336,60

An Barmitteln stehen somit noch **21,06 DM** (48.357,66 DM Betrag für Neuanlage abzüglich 48.336,60 DM Kosten für Aktienkauf) auf dem Depot-Gegenkonto.

Durch die Depotumschichtung aufgrund der Quartalsschlußberechnungen und die Neuanlage der im abgelaufenen Jahr vereinnahmten Dividenden enthält Ihr Depot am 30.12.1993 die unten aufgeführten Aktien und entwickelt sich wie folgt weiter:

Aktiengesellschaft	**Aktienanzahl**	**Kurs 28.06.96**	**Kurs 30.09.96**	**Kurs 30.12.96**
Dresdner Bank	422	38,20	40,20	45,90
Bay. Hypobank	370	36,95	43,60	46,40
Bay. Vereinsbank	384	42,00	52,90	62,30
Bayer	400	53,55	55,70	62,45
Hoechst	313	51,40	55,60	71,30
Barbestand:		21,06	21,06	21,06
Depotwert:		83.428,10	93.092,80	107.757,90
Gesamtwert:		**83.449,16**	**93.113,86**	**107.778,96**

Aktiengesellschaft	**Aktienanzahl**	**Kurs 27.03.97**	**Kurs 30.06.97**
Dresdner Bank	422	59,30	61,00
Bay. Hypobank	370	58,10	52,75
Bay. Vereinsbank	384	68,75	71,40
Bayer	400	70,20	67,20
Hoechst	313	67,25	73,90
Barbestand:		21,06	21,06
Depotwert:		122.176,05	122.687,80
Gesamtwert:		**122.197,11**	**122.708,86**

In der Zeit vom 28.06.1996–30.06.1997 wurden auf Ihre im Depot gehaltenen Papiere folgende Dividenden ausgezahlt und dem Depot-Gegenkonto gutgeschrieben:

Aktien-gesellschaft	**HV-Termin**	**Dividende**	**Aktien-anzahl**	**Gesamt-dividende**
Dresdner Bank	23.05.97	1,45	422	611,90
Bay. Hypobank	27.05.97	1,45	370	536,50
Bay. Vereinsbank	07.05.97	1,60	384	614,40
Bayer	30.04.97	1,70	400	680,00
Hoechst	29.04.97	1,40	313	438,20
				2.881,00

Der Barbestand setzte sich somit am 30.06.1997 wie folgt zusammen:

Bisheriger Barbestand:	21,06 DM
Dividendeneinnahmen:	+ 2.881,00 DM
Neuer Barbestand:	**2.902,06 DM**

Depotüberprüfung 1997

Seit dem Aktienerwerb ist nunmehr ein Jahr vergangen. Das Depot wird daher anhand der Daten aus der Quartalsschlußtabelle vom 30.06.1997 überprüft. Und sofern die im Depot vorhandenen Papiere nicht mehr zu den Top-Five gehören, werden sie umgehend veräußert und durch die neu ermittelten Werte ersetzt.

Aktien-gesellschaft	letzte gezahlte Dividende	Kurs 30.06.97	Div. Rendite	Rang	Top-Five
Allianz Holding	16,00	3728	0,429		
BASF*)	1,70	64,35	2,642	3	4
Bayer*)	1,70	67,20	2,530	4	5
Bay. Hypobank*)	1,45	52,75	2,749	1	2
Bay. Vereinsbank*)	1,60	71,40	2,241	7	
BMW *Stämme*	15,00	1438	1,043		
Commerzbank*)	1,35	49,80	2,711	2	1
Daimler*)	1,10	141,90	0,775		
Degussa	13,00	922	1,410		
Deutsche Bank*)	1,80	102,40	1,758		
Dresdner Bank*)	1,45	61,00	2,377	5	3
Deutsche Telekom*)	0,60	42,85	1,400		
Henkel *Vorzüge*)	1,20	92,45	1,298		
Hoechst*)	1,40	73,90	1,894		
Karstadt	13,00	630	2,063	9	
Linde	17,50	1355	1,292		
Lufthansa *Stämme*)	0,50	33,60	1,488		
MAN *Stämme*	12,00	543	2,210	8	
Mannesmann	9,00	778	1,157		
Metro*)	0,00	190	0,000		
Münchner Rück	16,00	4940	0,324		
Preussag	12,00	513	2,339	6	
RWE *Stämme*)	1,50	74,90	2,003	10	
SAP *Vorzüge*)	1,80	349,00	0,516		
Schering*)	2,00	186,00	1,075		
Siemens*)	1,50	104,45	1,436		
Thyssen	8,00	420	1,905		
Veba*)	1,90	98,60	1,927		
Viag	12,00	794	1,511		
VW *Stämme*	9,00	1321	0,681		

*) Aktien mit 5,00 DM Nennwert

Die neuen Top-Five sind die Aktien von **Commerzbank, Bay. Hypobank, Dresdner Bank, BASF** und **Bayer.**

Die nicht mehr enthaltenen Werte von Bay. Vereinsbank und Hoechst werden veräußert. Aus dem Verkaufserlös und den noch vorhandenen Barmitteln werden Papiere von Commerzbank und BASF geordert.

Verkauf:

Aktien-gesellschaft	Aktien-anzahl	Kurs 30.06.97	Gesamter Kurswert
Bay. Vereinsbank	384	71,40	27.417,60
Hoechst	313	73,90	23.130,70
			50.548.30

Kurswert:	50.548,30 DM
Spesen für Aktienverkauf:	– 631,85 DM
Auszahlungsbetrag:	49.916,45 DM
Barbestand:	+ 2.902,06 DM
Gesamtkapital:	52.818,51 DM
Spesen für Aktienkauf:	– 660,23 DM
Betrag für Neuanlage:	**52.158,28 DM**

Für den Neuanlagebetrag werden Aktien der Commerzbank und BASF wie folgt geordert:

Ankauf:

Aktien-gesellschaft	Aktien-anzahl	Kurs 30.06.97	Gesamter Kurswert
Commerzbank	524	49,80	26.095,20
BASF	405	64,35	26.061,75
			52.156,95

An Barmitteln stehen somit noch **1,33 DM** (52.158,28 DM Betrag für Neuanlage abzüglich 52.156,95 DM Kosten für Aktienkauf) auf dem Depot-Gegenkonto.

Durch die Depotumschichtung aufgrund der Quartalsschlußberechnungen und die Neuanlage der im abgelaufenen Jahr vereinnahmten Dividenden enthält Ihr Depot am 30.06.1997 die unten aufgeführten Aktien und entwickelt sich wie folgt weiter:

Aktiengesellschaft	**Aktienanzahl**	**Kurs 30.06.97**	**Kurs 30.09.97**	**Kurs 31.12.97**
Dresdner Bank	422	61,00	81,10	81,80
Bay. Hypobank	370	52,75	75,20	87,25
Commerzbank	524	49,80	63,70	70,00
Bayer	400	67,20	70,30	66,75
BASF	405	64,35	63,90	64,20
Barbestand:		1,33	1,33	1,33
Depotwert:		124.296,45	149.426,50	156.183,10
Gesamtwert:		**124.297,78**	**149.427,83**	**156.184,43**

Aktiengesellschaft	**Aktienanzahl**	**Kurs 31.03.98**	**Kurs 30.06.98**
Dresdner Bank	422	84,40	97,30
Bay. Hypobank	370	99,30	114,40
Commerzbank	524	67,00	69,00
Bayer	400	84,15	93,10
BASF	405	81,80	85,50
Barbestand:		1,33	1,33
Depotwert:		174.254,90	191.412,10
Gesamtwert:		**174.256,13**	**191.413,43**

In der Zeit vom 30.06.1997–30.06.1998 wurden auf Ihre im Depot gehaltenen Papiere folgende Dividenden ausgezahlt und dem Depot-Gegenkonto gutgeschrieben:

Aktien-gesellschaft	**HV-Termin**	**Dividende**	**Aktien-anzahl**	**Gesamt-dividende**
Dresdner Bank	15.05.98	1,55	422	654,10
Bay. Hypobank	19.05.98	1,45	370	536,50
Commerzbank	29.05.98	1,50	524	786,00
Bayer	30.04.98	1,90	400	760,00
BASF	19.05.98	2,00	405	810,00
				3.546,60

Der Barbestand setzte sich somit am 30.06.1998 wie folgt zusammen:

Bisheriger Barbestand:	1,33 DM
Dividendeneinnahmen:	+ 3.546,60 DM
Neuer Barbestand:	**3.547,93 DM**

Depotüberprüfung 1998

Seit der letzten Depotumschichtung ist wiederum ein Jahr vergangen, und das Depot wird daher anhand der Daten aus der Quartalsschlußtabelle vom 30.06.1998 überprüft. Sofern die im Depot vorhandenen Papiere nicht mehr zu den Top-Five gehören, werden sie umgehend veräußert und durch die neu ermittelten Werte ersetzt.

Aktien-gesellschaft	letzte gezahlte Dividende	Kurs 30.06.98	Div. Rendite	Rang	Top-Five
Adidas-Salomon*)	1,65	312,00	0,545		
Allianz Holding*)	1,70	595	0,336		
BASF*)	2,00	85,50	2,222	3	4
Bayer*)	1,90	93,10	2,041	6	5
Bay. Vereinsbank*)	1,60	153,50	1,042		
BMW *Stämme*	20,00	1821	1,098		
Commerzbank*)	1,50	69,00	2,174	5	3
Daimler*)	1,60	177,00	0,904		
Degussa	1,50	111,10	1,350		
Deutsche Bank*)	1,80	152,85	1,178		
Dresdner Bank*)	1,55	97,30	1,593		
Deutsche Telekom*)	1,20	48,70	2,464	2	2
Henkel *Vorzüge*) *	1,45	179,50	0,808		
Hoechst*)	1,50	90,10	1,665		
Karstadt	10,00	872	1,147		
Linde	19,50	1265	1,542		
Lufthansa *Stämme*) *	0,90	45,30	1,987	8	1
MAN *Stämme*	14,00	702	1,994	7	
Mannesmann*)	1,00	183,10	0,546		
Metro*)	4,00	109,50	3,653	1	
Münchner Rück	1,70	895	0,190		
Preussag	12,00	644	1,863	9	
RWE *Stämme*) *	1,60	107,00	1,495		
SAP *Vorzüge*) *	2,85	1227	0,232		
Schering*)	2,50	212,70	1,175		
Siemens*)	1,50	109,80	1,366		
Thyssen	10,00	457	2,188	4	
Veba*)	2,10	123,00	1,707	10	
Viag	12,00	1220	0,984		
VW *Stämme*	12,00	1735	0,692		

*) Aktien mit 5,00 DM Nennwert

Die neuen Top-Five sind die Aktien von **Lufthansa, Deutsche Telekom, Commerzbank, BASF** und **Bayer.**

Die nicht mehr enthaltenen Werte von Bay. Hypobank und Dresdner Bank werden veräußert. Aus dem Verkaufserlös und den noch vorhandenen Barmitteln werden Papiere von Lufthansa und Deutsche Telekom geordert.

Verkauf:

Aktien-gesellschaft	Aktien-anzahl	Kurs 30.06.98	Gesamter Kurswert
Bay. Hypobank	370	114,40	42.328,00
Dresdner Bank	422	97,30	41.060,60
			83.388,60

Kurswert:		83.388,60 DM
Spesen für Aktienverkauf:	–	1.042,36 DM
Auszahlungsbetrag:		82.346,24 DM
Barbestand:	+	3.547,93 DM
Gesamtkapital:		85.894,17 DM
Spesen für Aktienkauf:	–	1.073,68 DM
Betrag für Neuanlage:		**84.820,49 DM**

Für den Neuanlagebetrag werden Aktien der Lufhansa und Deutsche Telekom wie folgt geordert:

Ankauf:

Aktien-gesellschaft	Aktien-anzahl	Kurs 30.06.98	Gesamter Kurswert
Lufthansa	936	45,30	42.400,80
Dt. Telekom	871	48,70	42.417,70
			84.818,50

An Barmitteln stehen somit noch **1,99 DM** (84.820,49 DM Betrag für Neuanlage abzüglich 84.818,50 DM Kosten für Aktienkauf) auf dem Depot-Gegenkonto.

Durch die Depotumschichtung aufgrund der Quartalsschlußberechnungen und die Wiederanlage der im abgelaufenen Jahr vereinnahmten Dividenden enthält Ihr Depot am 30.06.1998 die nachfolgend aufgeführten Aktien:

Aktien-gesellschaft	**Aktien-anzahl**	**Kurs 30.06.98**	**Kurs 30.09.98**	**Kurs 31.12.98**
BASF	405	85,50	63,30	63,60
Bayer	400	93,10	63,10	69,55
Commerzbank	524	69,00	45,20	52,70
Dt. Telekom	871	48,70	51,90	54,80
Lufthansa	936	45,30	33,00	36,80
Barbestand:		1,99	1,99	1,99
Depotwert:		192.842,00	150.654,20	163.368,40
Gesamtwert:		**192.843,99**	**150.656,19**	**163.370,39**

Praxis-Tip:

Sicherlich ist Ihnen aufgefallen, daß die 30 DAX-Werte ständigen Veränderungen unterliegen. Die Auswahl der im DAX enthaltenen Aktien obliegt der Deutsche Börse AG. Einmal im Jahr entscheidet sie, wer von der 2. Liga (MDAX) in die 1. Liga (DAX) auf- bzw. absteigt. Ausschlaggebend für die Einstufung sind die Börsenkapitalisierung und die Börsenumsätze der Unternehmen.

Wichtig:

In fünfzehn Jahren ist Ihr Anfangskapital von 10.000 DM auf stolze 163.370 DM angewachsen. Das entspricht einem Gewinn von über 1.500 Prozent, oder einer durchschnittlichen Jahresrendite von rund 20,5 Prozent! Wie Sie gesehen haben, ist es mit einem gut durchdachten Konzept durchaus möglich, mit relativ risikolosen Standardaktien an der Börse Geld zu verdienen.

Die Performance Ihrer Aktien – auf einen Blick

Das Bestreben eines jeden Fondsmanagers ist es, den seinem Depot entsprechenden Index in der Wertentwicklung zu übertrumpfen. Prüfen Sie, ob Sie mit Ihrer systematischen Aktienauswahl eine bessere Performance als der DAX erzielt haben.

Aktienengagement vom 30.11.1984–09.10.1987

Kapital vor Aktienkauf:		10.387,78 DM
Kapital nach Aktienverkauf:		23.161,25 DM
Gewinn/Verlust:		+ **123,0 %**
DAX-Entwicklung:	811/1.478 Punkte	+ **82,2 %**

Aktienengagement vom 04.03.1988–24.02.1989

Kapital vor Aktienkauf:		23.411,85 DM
Kapital nach Aktienverkauf:		34.478,51 DM
Gewinn/Verlust:		+ **47,3 %**
DAX-Entwicklung:	1.076/1.288 Punkte	+ **19,7 %**

Aktienengagement vom 02.10.1992–10.06.1994

Kapital vor Aktienkauf:		43.220,12 DM
Kapital nach Aktienverkauf:		66.731,96 DM
Gewinn/Verlust:		+ **54,4 %**
DAX-Entwicklung:	1.478/2.133 Punkte	+ **44,3 %**

Aktienengagement vom 26.05.1995–31.12.1998

Kapital vor Aktienkauf:		69.566,21 DM
Kapital nach Aktienverkauf:		163.370,00 DM
Gewinn/Verlust:		**+ 134,8 %**
DAX-Entwicklung:	2.077/5.002 Punkte	**+ 140,8 %**

Das, was vielen Fondsmanagern mit einem Heer gutbezahlter Analysten und mit modernster Datenverarbeitung nicht gelingt, haben Sie mit einfachen Hilfsmitteln wie Bleistift, Papier, Tageszeitung und Taschenrechner erreicht: Sie haben den Index (DAX) bei fast allen Ihrer Aktieninvestments um etliche Prozentpunkte überrundet!

Abschließend noch eine Tabelle über die jährliche Entwicklung Ihres Anlagekapitals in Höhe von 10.000 DM seit dem 01.01.1984.

Jahresende	DAX-Stand	Änderung in %	Ihr Kapitalzuwachs	Änderung in %
1983	774		10.000	
1984	820	+ 5,94	10.413	+ 4,13
1985	1366	+ 66,58	18.897	+ 81,48
1986	1432	+ 4,83	20.078	+ 6,25
1987	1000	– 30,17	23.308	+ 16,09
1988	1328	+ 32,80	34.347	+ 47,36
1989	1790	+ 34,79	35.938	+ 4,63
1990	1398	– 21,90	38.097	+ 6,01
1991	1578	+ 12,88	40.709	+ 6,86
1992	1545	– 2,09	44.450	+ 9,19
1993	2267	+ 46,73	68.628	+ 54,39
1994	2107	– 7,06	68.400	– 0,33
1995	2254	+ 6,98	72.024	+ 5,40
1996	2888	+ 28,13	107.778	+ 49,64
1997	4249	+ 47,13	156.184	+ 44,91
1998	5002	+ 17,72	163.370	+ 4,60

■ *Wichtig:*

Das deutsche Börsenbarometer (DAX) hat sich in den letzten fünfzehn Jahren mehr als versechsfacht. Die hier vorgestellte Börsenstrategie hat jedoch in der gleichen Zeit unser Anfangskapital versechzehnfacht!

Anlagealternativen

5

Aktienfonds

Selbstverständlich können Sie die Timing-Signale der Zinsstrategie auch auf andere Weise nutzen, um an der Börse Geld zu verdienen. Statt des Erwerbs von Aktien ist es durchaus möglich, daß Sie Ihr Anlagekapital nach einem Börseneinstiegssignal in Aktienfonds mit Schwerpunkt Deutschland investieren.

Dadurch ersparen Sie sich die Aufzeichnungen der Quartalsschlußkurse der im DAX enthaltenen Titel, die Berechnung der Dividendenrendite dieser Papiere und die jährliche Depotüberwachung bezüglich eventueller Aktienumschichtungen. Diese Arbeitserleichterung bezahlen Sie aber, wie Sie gleich sehen werden, mit einem nicht unbeträchtlichen Renditeverlust.

Wenn Sie Ihr Kapital in Aktienfonds anlegen, müssen Sie für das Management des Fonds zahlen. Im Regelfall geschieht das durch den sogenannten Ausgabeaufschlag (Differenz zwischen Ausgabe- und Rücknahmepreis), der bis zu 5 Prozent beträgt, und die Verwaltungsgebühr von ca. 0,5 Prozent jährlich.

Achtung:

Zwar gibt es mittlerweile eine große Auswahl von Fonds ohne teure Ausgabeaufschläge. Doch hier kassieren die Fondsgesellschaften statt der einmaligen Kaufgebühr eine höhere Verwaltungsgebühr (ca. 1,3 Prozent jährlich). Die Kostenbelastung der Verwaltungsgebühr spürt der Anleger kaum, da die Vergütung gleich bei der Feststellung der Rücknahmepreise einbehalten wird.

Auf dem Prüfstand: Investa-Aktienfonds

Weil es die Aktienfonds ohne Ausgabeaufschlag erst seit einigen Jahren am Markt gibt, wurde für den Vergleich mit unserer Aktienauswahlmethode nach der Dividendenrendite ein Aktienfonds mit Ausgabeaufschlag herangezogen. Die Wahl fiel auf den Investa von der DWS (Deutsche Gesellschaft für Wertpapier mbH), die zur Investmentgruppe der Deutschen Bank gehört. Der Investa, der bereits am 17.12.1956 aufgelegt wurde, zählt zu den besten der deutschen Aktienfonds. In den Langfristvergleichen ist er fast immer unter den zehn besten Aktienfonds mit Schwerpunkt deutsche Aktien.

Der Ausgabeaufschlag beträgt beim Investa 5 Prozent, die Verwaltungsvergütung 0,5 Prozent pro Jahr. Anlagepolitik ist laut Verkaufsprospekt die Anlage in erstklassige deutsche Großunternehmen (Blue Chips). Damit entspricht er größtenteils den Vorgaben, daß hier nur in Unternehmen investiert wird, die im DAX enthalten sind. Die während des Geschäftsjahres (01.10.–30.09.) vereinnahmten Dividenden und erwirtschafteten Zinsen werden grundsätzlich ausgeschüttet.

Wie die Ertragsrechnung des Investa bei Nutzung der Börseneinstiegs- und -ausstiegssignale des Timing-Indikators aussieht, können Sie folgender Tabelle entnehmen:

Ertragsrechnung des Investa-Aktienfonds	
Ausgabepreis am 30.11.1984:	42,40 DM
Rücknahmepreis am 09.10.1987:	69,37 DM
Kursgewinn:	26,97 DM
Ausschüttung während Fondsbesitz:	4,86 DM
(1985 = 2,39 DM; 1986 = 2,47 DM)	
Gesamtertrag:	31,83 DM
Gewinn/Verlust:	+ **75,1 %**
Die eigene Aktienauswahl	+ **123,0 %**
DAX-Entwicklung in dieser Zeit:	+ **82,2 %**
Ausgabepreis am 04.03.1988:	51,90 DM
Rücknahmepreis am 24.02.1989:	58,27 DM
Kursgewinn:	6,37 DM
Ausschüttung während Fondsbesitz:	2,65 DM
(1988 = 2,65 DM)	
Gesamtertrag:	9,02 DM
Gewinn/Verlust:	+ **17,4 %**
Die eigene Aktienauswahl	+ **47,3 %**
DAX-Entwicklung in dieser Zeit:	+ **19,7 %**

Ausgabepreis am 02.10.1992:	67,37 DM
Rücknahmepreis am 10.06.1994:	85,17 DM
Kursgewinn:	17,80 DM
Ausschüttung während Fondsbesitz:	6,51 DM
(1992 = 3,36 DM; 1993 = 3,15 DM)	
Gesamtertrag:	24,31 DM
Gewinn/Verlust:	+ **36,1 %**
Die eigene Aktienauswahl	+ **54,4 %**
DAX-Entwicklung in dieser Zeit:	+ **44,3 %**
Ausgabepreis am 26.05.1995:	84,06 DM
Rücknahmepreis am 31.12.1998:	177,86 DM
Kursgewinn:	93,80 DM
Ausschüttung während Fondsbesitz:	11,81 DM
(1995 = 3,11 DM; 1996 = 2,50 DM; 1997 = 2,50 DM; 1998 = 3,70 DM)	
Gesamtertrag:	105,61 DM
Gewinn/Verlust:	+ **125,6 %**
Die eigene Aktienauswahl	+ **134,8 %**
DAX-Entwicklung in dieser Zeit:	+ **140,8 %**

Index-Zertifikate

Die Index-Zertifikate sind eine attraktive Alternative zu den Aktienfonds. Im Gegensatz zu den teilweise hohen Ausgabeaufschlägen und Verwaltungsgebühren bei den Fonds fallen beim An- und Verkauf der Index-Zertifikate lediglich Spesen von 1 Prozent an.

Mit dem Index-Zertifikat kauft der Investor sozusagen die ganze Börse, ohne ein Vermögen einzusetzen. Wer den DAX in eigener Regie nachbilden will, muß rund 150.000 DM investieren. Die DAX-Zertifikate, die die Performance der 30 deutschen Blue Chips exakt nachbilden, sind wesentlich billiger.

Die Commerzbank bildet den DAX z.B. eins zu eins nach, jeder Indexpunkt entspricht somit einer DM. Wenn der DAX also von 3.800 auf 3.900 Punkte steigt, erhöht sich der Wert des Zertifikates um genau 100 DM. Andere Anbieter wählen ein Verhältnis von eins zu zehn (Deutsche Bank, Bankgesellschaft Berlin, Dresdner Bank) oder sogar eins zu einhundert (Citibank, DG-Bank, Vereinsbank). Bei diesen Papieren entspricht jeder Indexpunkt somit 0,10 DM bzw. 0,01 DM. Natürlich kosten sie in der Anschaffung auch nur ein Zehntel bzw. ein Hundertstel des aktuellen Indexstandes.

Auch bei diesen Zertifikaten gibt es eine Spanne zwischen Kauf- und Verkaufskurs, den Spread. Er ist im Regelfall aber so geringfügig und je nach Emittent unterschiedlich hoch, daß er bei der nachfolgenden Berechnung nicht berücksichtigt wurde. Und so sieht das Ergebnis bei Nutzung der Timing-Signale mit den Index-Zertifikaten aus:

Performance der Index-Zertifikate	
Einstiegssignal am 30.11.1984 (DAX-Stand: 811 Punkte)	
Ankaufsgebühr von 1 % = (811 DAX-Punkte x 101 Prozent)	819,1 Punkte
Ausstiegssignal am 09.10.1987 (DAX-Stand: 1.478 Punkte)	
Verkaufsgebühr von 1 % = (1.478 DAX-Punkte x 99 Prozent)	1.463,2 Punkte
Gewinn/Verlust: Unsere eigene Aktienauswahl DAX-Entwicklung in dieser Zeit:	**+ 78,6 %** **+ 123,0 %** **+ 82,2 %**
Einstiegssignal am 04.03.1988 (DAX-Stand: 1.076 Punkte)	
Ankaufsgebühr von 1 % = (1.076 DAX-Punkte x 101 Prozent)	1.086,8 Punkte
Ausstiegssignal am 24.02.1989 (DAX-Stand: 1.288 Punkte)	
Verkaufsgebühr von 1 % = (1.288 DAX-Punkte x 99 Prozent)	1.275,1 Punkte

Gewinn/Verlust:	**+ 17,3 %**
Unsere eigene Aktienauswahl	**+ 47,3 %**
DAX-Entwicklung in dieser Zeit:	**+ 19,7 %**
Einstiegssignal am 02.10.1992 (DAX-Stand: 1.478 Punkte)	
Ankaufsgebühr von 1 % = (1.478 DAX-Punkte x 101 Prozent)	1.492,8 Punkte
Ausstiegssignal am 10.06.1994 (DAX-Stand: 2.133 Punkte)	
Verkaufsgebühr von 1 % = (2.133 DAX-Punkte x 99 Prozent)	2.111,7 Punkte
Gewinn/Verlust:	**+ 41,5 %**
Unsere eigene Aktienauswahl	**+ 54,4 %**
DAX-Entwicklung in dieser Zeit:	**+ 44,3 %**
Einstiegssignal am 26.05.1995 (DAX-Stand: 2.077 Punkte)	
Ankaufsgebühr von 1 % = (2.077 DAX-Punkte x 101 Prozent)	2.097,8 Punkte
Ausstiegssignal am 31.12.1998 (DAX-Stand: 5.002 Punkte)	
Verkaufsgebühr von 1 % = (5.002 DAX-Punkte x 99 Prozent)	4.952,0 Punkte
Gewinn/Verlust:	**+ 136,1 %**
Unsere eigene Aktienauswahl	**+ 134,8 %**
DAX-Entwicklung in dieser Zeit:	**+ 140,8 %**

Die Performance der Index-Zertifikate (+ 273,5 Prozent) war insgesamt etwas besser als der Wertzuwachs mit dem Aktienfonds (+ 254,2 Prozent). Aber sie konnte durch die An- und Verkaufsspesen natürlich nicht die Entwicklung des DAX (+ 287,0 Prozent) erreichen.

▩ *Wichtig:*

Von Ihrer eigenen Aktienauswahl nach der Dividendenrendite (+ 359,5 Prozent), bei der An- und Verkaufsspesen ebenfalls berücksichtigt wurden, war sie weit entfernt. Der Performanceunterschied von über 80 Prozent macht Ihnen die Entscheidung sicherlich leicht, viermal im Jahr die Werte der 30 DAX-Titel zu notieren, die Dividendenrendite auszurechnen und einmal pro Jahr die Depotzusammensetzung zu überprüfen und gegebenenfalls Umschichtungen vorzunehmen.

Optionen, Futures und Optionsscheine

Eine weitere Möglichkeit, die Börsensignale des Timing-Indikators zu nutzen, ist der Abschluß eines Termingeschäftes an der Deutschen Terminbörse (DTB). Hierbei muß zwischen Optionen und Futures unterschieden werden.

Optionsgeschäfte

Optionsgeschäfte stellen die gebräuchlichste Art der Termingeschäfte dar. Durch den Erwerb einer Option erlangt der Käufer das Recht, innerhalb einer bestimmten Frist zu einem bei Abschluß des Geschäfts festgelegten Kurs (Basispreis) eine bestimmte Anzahl von Wertpapieren zu kaufen (Kaufoption oder Call) oder zu verkaufen (Verkaufsoption oder Put). Während der Optionskäufer die Wahl, aber nicht die Pflicht hat, sein Recht auszuüben, geht der Verkäufer (Stillhalter) einer Option die Verpflichtung ein, bei Ausübung einer Kaufoption die Wertpapiere zum vereinbarten Kurs an den Optionsinhaber zu verkaufen bzw. bei Ausübung einer Verkaufsoption die entsprechenden Wertpapiere dem Optionsinhaber abzunehmen. Für diese Verpflichtung erhält der Stillhalter vom Käufer der Option die sogenannte Optionsprämie.

Futures-Geschäfte

Im Unterschied zur Option gehen beim Future beide Geschäftspartner die bindende Verpflichtung ein, eine bestimmte Ware zu einem bestimmten Zeitpunkt und zu einem festgelegten Preis zu kaufen und zu verkaufen. Bei diesem Geschäft wird keine Prämie erhoben, sondern nur eine Sicherheitsleistung (Margin) auf den endgültigen Vertragspreis. Dadurch können mit zunächst vergleichsweise geringen Kapitaleinsätzen große Positionen aufgebaut werden. Bewegt sich das dem Kontrakt zugrundeliegende Wertpapier, z.B. der Index, in die erhoffte Richtung, sind schnell enorme Gewinne möglich. Während der Käufer bei Optionsgeschäften im schlimmsten Fall nur die gezahlte Optionsprämie verlieren kann, ist die Verlustmöglichkeit bei Terminkontrakten wegen der bestehenden Nachschußpflicht – wenn sich der Index in die falsche Richtung bewegt – nahezu unbegrenzt.

Optionsscheine

Außer den Optionen und Futures, die nur an der Deutschen Terminbörse gehandelt werden, können im Freiverkehr der Börsen auch Optionsscheine auf verschiedene Aktien, Indizes und Währungen geordert werden. In den letzten Jahren wurde durch die unterschiedlichsten Emissionshäuser (in- und ausländische Kreditinstitute) eine wahre Flut von Optionsscheinen auf den Markt gebracht. Auch mit diesen Optionsscheinen kann man auf steigende (Call) oder fallende (Put) Kurse der entsprechenden Papiere setzen.

Neben diesen „normalen“ Scheinen gibt es auch neue spezielle Konstruktionen, die aber den Rahmen dieses Buches sprengen würden.

■ *Achtung:*

Alle Optionsscheine haben gemeinsam, daß sie einen vorher festgelegten Verfallstermin haben, so daß der Anleger auch bei ihnen – sofern sich die erwartete Kursrichtung und/oder Kursausprägung nicht einstellt – einen Totalverlust seines eingesetzten Kapitals in kürzester Zeit erleiden kann.

Praxis-Tip:

Sowohl bei den Optionsscheinen als auch bei den Optionen und Futures handelt es sich um hochspekulative Anlageformen, die zum kontinuierlichen Vermögensaufbau nicht geeignet sind.

Wie gefährlich die Spekulation mit diesen riskanten Papieren selbst für Profis ist, zeigt die plötzliche Pleite der Baringsbank im Februar 1995, hervorgerufen durch die Spekulationen des Börsenmaklers Nick Leeson.

Der Euro

6

Der Euro

Durch die Einführung der gemeinsamen Währung am 01.01.1999 sind elf EU-Staaten (Belgien, Deutschland, Finnland, Frankreich, Irland, Italien, Luxemburg, Niederlande, Österreich, Portugal und Spanien) zu einer kolossalen Wirtschaftsmacht zusammengewachsen.

- Mit der Euro-Zone ist nach den USA nicht nur der zweitgrößte Währungsblock, sondern – gemessen an der Marktkapitalisierung wie auch an der Anzahl der börsennotierten Unternehmen – der weltweit zweitgrößte Aktienmarkt entstanden.
- Die Euro-Zone vereint ein Fünftel der Wirtschaftsproduktion und des Handels der Welt auf sich.
- Im Euro-Gebiet leben 292 Millionen Menschen (USA: 269 Mill.), von denen erst 10 Prozent Aktien besitzen (USA: 44 Prozent).
- Unternehmen, die ihre Geschäfte überwiegend mit den europäischen Nachbarn tätigen – hierzu gehören viele deutsche Gesellschaften –, sparen nun die Kosten der Währungsabsicherung ein.
- Allein durch den Wegfall der Währungsbarrieren soll ein zusätzlicher Wachstumsimpuls von 0,25 Prozent entstehen.
- Die Europäische Währungsunion wird sich deshalb nach Auffassung der meisten Experten insgesamt positiv auf die europäischen Börsen, und damit auch auf den deutschen Aktienmarkt, auswirken.

Vielleicht sind deshalb die Börsianer auch die Ersten, die mit der Währungsumstellung in Berührung kommen: Seit dem 01.01.1999 werden in allen elf Mitgliedsstaaten sämtliche Aktienkurse einheitlich in Euro notiert.

Erschrecken Sie also nicht, wenn Sie in den Börsenteil Ihrer Zeitung schauen und sämtliche deutsche Aktien nur noch mit der Hälfte ihres Kurses von Ende Dezember 1998 notiert sind.

Es hat zum Jahreswechsel 1998/1999 keinen Börsencrash gegeben. Die Ursache für diese „Kurshalbierung“ liegt lediglich in der Umstellung der Aktiennotierung auf Euro. Mit den am 31.12.1998 von den EU-Finanzministern unwiderruflich festgesetzten Umrechnungskursen

1 DM = 0,51129 Euro

1 Euro = 1,95583 DM

können Sie die Euro-Aktienkurse in DM zurückrechnen und mit älteren – in DM notierten Kursen – wieder vergleichen.

Eine Kapitalabwanderung größeren Umfangs in die anderen Mitgliedsstaaten der Währungsunion wird es nach meiner Einschätzung nicht geben – sofern sich die wirtschaftspolitischen Rahmendaten in Deutschland nicht wesentlich verändern – denn die meisten institutionellen Anleger haben ihre Euroland-Aktienbestände bereits vor der Währungsunion erhöht.

Datenreihen für Ihre Börsenstrategie

7

Anhand der nachfolgend aufgelisteten Daten können Sie die gesamte Börsenstrategie und deren komplette Prüfung nachvollziehen.

Darüber hinaus ist es durch selbständiges Fortführen der Datenreihen zur Umlaufrendite – einschließlich des Vier-Wochen-Durchschnitts (4-W-D) – und des Deutschen Aktienindex (DAX) relativ einfach, das hier erarbeitete Börsenkonzept auch in Zukunft anzuwenden.

Diskontsatz					
ab	09.09.1983	4,00 %	ab	15.09.1992	8,25 %
ab	29.06.1984	4,50 %	ab	05.02.1993	8,00 %
ab	16.08.1985	4,00 %	ab	19.03.1993	7,50 %
ab	07.03.1986	3,50 %	ab	23.04.1993	7,25 %
ab	23.01.1987	3,00 %	ab	02.07.1993	6,75 %
ab	04.12.1987	2,50 %	ab	10.09.1993	6,25 %
ab	01.07.1988	3,00 %	ab	22.10.1993	5,75 %
ab	26.08.1988	3,50 %	ab	18.02.1994	5,25 %
ab	20.01.1989	4,00 %	ab	15.04.1994	5,00 %
ab	21.04.1989	4,50 %	ab	13.05.1994	4,50 %
ab	30.06.1989	5,00 %	ab	31.03.1995	4,00 %
ab	06.10.1989	6,00 %	ab	25.08.1995	3,50 %
ab	01.02.1991	6,50 %	ab	15.12.1995	3,00 %
ab	16.08.1991	7,50 %	ab	19.04.1996	2,50 %
ab	20.12.1991	8,00 %	bis	31.12.1998	
ab	17.07.1992	8,75 %			

EZB-Leitzins		
ab	01.01.1999	3,00 %

Umlaufrendite

Neben der von der Deutschen Bundesbank festgestellten durchschnittlichen Umlaufrendite enthält die Aufstellung auch den auf den Seiten 27–33 beschriebenen Vier-Wochen-Durchschnitt (4-W-D) dieser Umlaufrendite.

Umlaufrendite					
Datum	**Rendite**	**4-W-D**	**Datum**	**Rendite**	**4-W-D**
06.01.84	8,24		29.06.84	8,01	8,02
13.01.84	8,30		06.07.84	8,07	8,03
20.01.84	8,14		13.07.84	8,05	8,04
27.01.84	8,16	8,21	20.07.84	8,05	8,05
03.02.84	8,07	8,17	27.07.84	8,05	8,06
10.02.84	8,07	8,11	03.08.84	8,02	8,04
17.02.84	7,93	8,06	10.08.84	7,89	8,00
24.02.84	7,90	7,99	17.08.84	7,80	7,94
02.03.84	7,78	7,92	24.08.84	7,79	7,88
09.03.84	7,81	7,86	31.08.84	7,69	7,79
16.03.84	7,78	7,82	07.09.84	7,71	7,75
23.03.84	7,92	7,82	14.09.84	7,58	7,69
30.03.84	7,89	7,85	21.09.84	7,57	7,64
06.04.84	7,93	7,88	28.09.84	7,54	7,60
13.04.84	7,84	7,90	05.10.84	7,38	7,52
20.04.84	7,87	7,88	12.10.84	7,39	7,47
27.04.84	7,91	7,89	19.10.84	7,20	7,38
04.05.84	7,93	7,89	26.10.84	7,30	7,32
11.05.84	8,06	7,94	02.11.84	7,22	7,28
18.05.84	8,07	7,99	09.11.84	7,19	7,23
25.05.84	8,08	8,04	16.11.84	7,20	7,23
01.06.84	8,09	8,08	23.11.84	7,10	7,18
08.06.84	8,03	8,07	30.11.84	7,00	7,12
15.06.84	8,03	8,06	07.12.84	6,95	7,06
22.06.84	8,02	8,04	14.12.84	6,98	7,01

Umlaufrendite					
Datum	**Rendite**	**4-W-D**	**Datum**	**Rendite**	**4-W-D**
21.12.84	6,97	6,98	14.06.85	6,95	6,97
28.12.84	6,96	6,97	21.06.85	6,85	6,93
04.01.85	7,03	6,99	28.06.85	6,84	6,90
11.01.85	7,08	7,01	05.07.85	6,70	6,84
18.01.85	7,08	7,04	12.07.85	6,67	6,77
25.01.85	7,19	7,10	19.07.85	6,63	6,71
01.02.85	7,18	7,13	26.07.85	6,57	6,64
08.02.85	7,39	7,21	02.08.85	6,55	6,61
15.02.85	7,40	7,29	09.08.85	6,44	6,55
22.02.85	7,59	7,39	16.08.85	6,42	6,50
01.03.85	7,56	7,49	23.08.85	6,28	6,42
08.03.85	7,78	7,58	30.08.85	6,25	6,35
15.03.85	7,66	7,65	06.09.85	6,29	6,31
22.03.85	7,44	7,61	13.09.85	6,31	6,28
29.03.85	7,36	7,56	20.09.85	6,36	6,30
05.04.85	7,36	7,46	27.09.85	6,22	6,30
12.04.85	7,23	7,35	04.10.85	6,26	6,29
19.04.85	7,16	7,28	11.10.85	6,46	6,33
26.04.85	7,19	7,24	18.10.85	6,52	6,37
03.05.85	7,19	7,19	25.10.85	6,68	6,48
10.05.85	7,11	7,16	01.11.85	6,61	6,57
17.05.85	7,04	7,13	08.11.85	6,52	6,58
24.05.85	7,00	7,09	15.11.85	6,57	6,60
31.05.85	6,98	7,03	22.11.85	6,48	6,55
07.06.85	6,94	6,99	29.11.85	6,48	6,51

Umlaufrendite					
Datum	Rendite	4-W-D	Datum	Rendite	4-W-D
06.12.85	6,52	6,51	30.05.86	5,90	5,82
13.12.85	6,44	6,48	06.06.86	5,95	5,90
20.12.85	6,35	6,45	13.06.86	5,86	5,90
27.12.85	6,32	6,41	20.06.86	5,89	5,90
03.01.86	6,32	6,36	27.06.86	5,84	5,89
10.01.86	6,28	6,32	04.07.86	5,83	5,86
17.01.86	6,27	6,30	11.07.86	5,84	5,85
24.01.86	6,30	6,29	18.07.86	5,79	5,83
31.01.86	6,26	6,28	25.07.86	5,74	5,80
07.02.86	6,23	6,27	01.08.86	5,71	5,77
14.02.86	6,17	6,24	08.08.86	5,67	5,73
21.02.86	6,10	6,19	15.08.86	5,63	5,69
28.02.86	5,89	6,10	22.08.86	5,56	5,64
07.03.86	5,90	6,02	29.08.86	5,56	5,61
14.03.86	5,77	5,92	05.09.86	5,59	5,59
21.03.86	5,78	5,84	12.09.86	5,79	5,63
28.03.86	5,65	5,78	19.09.86	5,74	5,67
04.04.86	5,65	5,71	26.09.86	5,79	5,73
11.04.86	5,47	5,64	03.10.86	5,82	5,79
18.04.86	5,35	5,53	10.10.86	5,86	5,80
25.04.86	5,46	5,48	17.10.86	5,97	5,86
02.05.86	5,53	5,45	24.10.86	5,99	5,91
09.05.86	5,65	5,50	31.10.86	6,05	5,97
16.05.86	5,87	5,63	07.11.86	6,05	6,02
23.05.86	5,87	5,73	14.11.86	6,07	6,04

Umlaufrendite					
Datum	**Rendite**	**4-W-D**	**Datum**	**Rendite**	**4-W-D**
21.11.86	6,00	6,04	15.05.87	5,25	5,32
28.11.86	5,87	6,00	22.05.87	5,30	5,30
05.12.86	5,85	5,95	29.05.87	5,32	5,28
12.12.86	5,89	5,90	05.06.87	5,39	5,32
19.12.86	5,85	5,87	12.06.87	5,44	5,36
26.12.86	5,87	5,87	19.06.87	5,56	5,43
02.01.87	5,87	5,87	26.06.87	5,65	5,51
09.01.87	5,86	5,86	03.07.87	5,69	5,59
16.01.87	5,78	5,85	10.07.87	5,70	5,65
23.01.87	5,73	5,81	17.07.87	5,72	5,69
30.01.87	5,66	5,76	24.07.87	5,92	5,76
06.02.87	5,59	5,69	31.07.87	5,86	5,80
13.02.87	5,68	5,67	07.08.87	6,00	5,88
20.02.87	5,69	5,66	14.08.87	6,06	5,96
27.02.87	5,66	5,66	21.08.87	5,97	5,97
06.03.87	5,63	5,67	28.08.87	6,02	6,01
13.03.87	5,60	5,65	04.09.87	6,15	6,05
20.03.87	5,51	5,60	11.09.87	6,15	6,07
27.03.87	5,43	5,54	18.09.87	6,21	6,13
03.04.87	5,43	5,49	25.09.87	6,26	6,19
10.04.87	5,39	5,44	02.10.87	6,29	6,23
17.04.87	5,41	5,42	09.10.87	6,58	6,34
24.04.87	5,38	5,40	16.10.87	6,81	6,49
01.05.87	5,38	5,39	23.10.87	6,47	6,54
08.05.87	5,26	5,36	30.10.87	6,11	6,49

Umlaufrendite					
Datum	**Rendite**	**4-W-D**	**Datum**	**Rendite**	**4-W-D**
06.11.87	6,04	6,36	29.04.88	5,94	5,77
13.11.87	6,03	6,16	06.05.88	6,00	5,85
20.11.87	5,93	6,03	13.05.88	6,12	5,96
27.11.87	5,88	5,97	20.05.88	6,14	6,05
04.12.87	5,89	5,93	27.05.88	6,11	6,09
11.12.87	5,93	5,91	03.06.88	6,09	6,12
18.12.87	5,97	5,92	10.06.88	6,03	6,09
25.12.87	5,92	5,93	17.06.88	6,10	6,08
01.01.88	5,88	5,93	24.06.88	6,20	6,11
08.01.88	5,99	5,94	01.07.88	6,21	6,14
15.01.88	6,00	5,95	08.07.88	6,27	6,20
22.01.88	5,91	5,95	15.07.88	6,38	6,27
29.01.88	5,86	5,94	22.07.88	6,44	6,33
05.02.88	5,77	5,89	29.07.88	6,52	6,40
12.02.88	5,67	5,80	05.08.88	6,42	6,44
19.02.88	5,74	5,76	12.08.88	6,52	6,48
26.02.88	5,66	5,71	19.08.88	6,57	6,51
04.03.88	5,59	5,67	26.08.88	6,57	6,52
11.03.88	5,64	5,66	02.09.88	6,53	6,55
18.03.88	5,63	5,63	09.09.88	6,29	6,49
25.03.88	5,65	5,63	16.09.88	6,29	6,42
01.04.88	5,66	5,65	23.09.88	6,24	6,34
08.04.88	5,69	5,66	30.09.88	6,27	6,27
15.04.88	5,66	5,67	07.10.88	6,26	6,27
22.04.88	5,78	5,70	14.10.88	6,13	6,23

Umlaufrendite					
Datum	**Rendite**	**4-W-D**	**Datum**	**Rendite**	**4-W-D**
21.10.88	6,08	6,19	14.04.89	6,92	6,94
28.10.88	5,97	6,11	21.04.89	6,88	6,92
04.11.88	5,98	6,04	28.04.89	6,89	6,90
11.11.88	6,07	6,03	05.05.89	6,93	6,91
18.11.88	6,08	6,03	12.05.89	7,03	6,93
25.11.88	6,08	6,05	19.05.89	7,12	6,99
02.12.88	6,19	6,11	26.05.89	7,12	7,05
09.12.88	6,30	6,16	02.06.89	7,08	7,09
16.12.88	6,33	6,23	09.06.89	6,96	7,07
23.12.88	6,32	6,29	16.06.89	6,85	7,00
30.12.88	6,35	6,33	23.06.89	6,87	6,94
06.01.89	6,46	6,37	30.06.89	6,90	6,90
13.01.89	6,49	6,41	07.07.89	6,84	6,87
20.01.89	6,49	6,45	14.07.89	6,75	6,84
27.01.89	6,56	6,50	21.07.89	6,77	6,82
03.02.89	6,71	6,56	28.07.89	6,75	6,78
10.02.89	6,74	6,63	04.08.89	6,71	6,75
17.02.89	6,87	6,72	11.08.89	6,75	6,75
24.02.89	7,06	6,85	18.08.89	6,85	6,77
03.03.89	6,92	6,90	25.08.89	6,90	6,80
10.03.89	6,93	6,95	01.09.89	6,97	6,87
17.03.89	6,87	6,95	08.09.89	6,98	6,93
24.03.89	6,96	6,92	15.09.89	7,07	6,98
31.03.89	6,97	6,93	22.09.89	7,04	7,02
07.04.89	6,91	6,93	29.09.89	7,19	7,07

Umlaufrendite					
Datum	**Rendite**	**4-W-D**	**Datum**	**Rendite**	**4-W-D**
06.10.89	7,18	7,12	30.03.90	8,73	8,85
13.10.89	7,37	7,20	06.04.90	8,76	8,79
20.10.89	7,27	7,25	13.04.90	8,87	8,78
27.10.89	7,28	7,28	20.04.90	8,90	8,82
03.11.89	7,40	7,33	27.04.90	8,99	8,88
10.11.89	7,50	7,36	04.05.90	8,90	8,92
17.11.89	7,71	7,47	11.05.90	8,79	8,90
24.11.89	7,58	7,55	18.05.90	8,92	8,90
01.12.89	7,62	7,60	25.05.90	8,98	8,90
08.12.89	7,62	7,63	01.06.90	8,95	8,91
15.12.89	7,54	7,59	08.06.90	8,97	8,96
22.12.89	7,54	7,58	15.06.90	8,99	8,97
29.12.89	7,60	7,58	22.06.90	8,95	8,97
05.01.90	7,83	7,63	29.06.90	8,86	8,94
12.01.90	7,86	7,71	06.07.90	8,76	8,89
19.01.90	7,98	7,82	13.07.90	8,75	8,83
26.01.90	8,04	7,93	20.07.90	8,63	8,75
02.02.90	8,05	7,98	27.07.90	8,66	8,70
09.02.90	8,51	8,15	03.08.90	8,80	8,71
16.02.90	8,86	8,37	10.08.90	8,95	8,76
23.02.90	8,98	8,60	17.08.90	8,98	8,85
02.03.90	9,06	8,85	24.08.90	9,09	8,96
09.03.90	9,00	8,98	31.08.90	9,07	9,02
16.03.90	8,91	8,99	07.09.90	9,09	9,06
23.03.90	8,77	8,94	14.09.90	9,07	9,08

Umlaufrendite					
Datum	**Rendite**	**4-W-D**	**Datum**	**Rendite**	**4-W-D**
21.09.90	9,14	9,09	15.03.91	8,46	8,48
28.09.90	9,21	9,13	22.03.91	8,56	8,49
05.10.90	9,16	9,15	29.03.91	8,64	8,52
12.10.90	9,17	9,17	05.04.91	8,47	8,53
19.10.90	9,05	9,15	12.04.91	8,43	8,53
26.10.90	9,05	9,11	19.04.91	8,53	8,52
02.11.90	9,05	9,08	26.04.91	8,56	8,50
09.11.90	9,11	9,07	03.05.91	8,50	8,51
16.11.90	9,07	9,07	10.05.91	8,55	8,54
23.11.90	8,96	9,05	17.05.91	8,55	8,54
30.11.90	9,01	9,04	24.05.91	8,49	8,52
07.12.90	8,96	9,00	31.05.91	8,42	8,50
14.12.90	8,83	8,94	07.06.91	8,48	8,49
21.12.90	9,04	8,96	14.06.91	8,48	8,47
28.12.90	9,09	8,98	21.06.91	8,48	8,47
04.01.91	9,07	9,01	28.06.91	8,66	8,53
11.01.91	9,09	9,07	05.07.91	8,72	8,59
18.01.91	9,11	9,09	12.07.91	8,72	8,65
25.01.91	8,94	9,05	19.07.91	8,80	8,73
01.02.91	8,86	9,00	26.07.91	8,88	8,78
08.02.91	8,67	8,90	02.08.91	8,86	8,82
15.02.91	8,40	8,72	09.08.91	8,81	8,84
22.02.91	8,52	8,61	16.08.91	8,70	8,81
01.03.91	8,55	8,54	23.08.91	8,70	8,77
08.03.91	8,40	8,47	30.08.91	8,65	8,72

Umlaufrendite					
Datum	**Rendite**	**4-W-D**	**Datum**	**Rendite**	**4-W-D**
06.09.91	8,66	8,68	28.02.92	8,04	8,08
13.09.91	8,61	8,66	06.03.92	8,08	8,08
20.09.91	8,65	8,64	13.03.92	8,08	8,08
27.09.91	8,66	8,65	20.03.92	8,16	8,09
04.10.91	8,57	8,62	27.03.92	8,28	8,15
11.10.91	8,50	8,60	03.04.92	8,27	8,20
18.10.91	8,51	8,56	10.04.92	8,13	8,21
25.10.91	8,59	8,54	17.04.92	8,14	8,21
01.11.91	8,66	8,57	24.04.92	8,23	8,19
08.11.91	8,56	8,58	01.05.92	8,30	8,20
15.11.91	8,51	8,58	08.05.92	8,27	8,24
22.11.91	8,54	8,57	15.05.92	8,30	8,28
29.11.91	8,60	8,55	22.05.92	8,21	8,27
06.12.91	8,54	8,55	29.05.92	8,23	8,25
13.12.91	8,49	8,54	05.06.92	8,26	8,25
20.12.91	8,44	8,52	12.06.92	8,24	8,24
27.12.91	8,43	8,48	19.06.92	8,27	8,25
03.01.92	8,34	8,43	26.06.92	8,35	8,28
10.01.92	8,18	8,35	03.07.92	8,25	8,28
17.01.92	8,10	8,26	10.07.92	8,26	8,28
24.01.92	8,02	8,16	17.07.92	8,34	8,30
31.01.92	8,05	8,09	24.07.92	8,38	8,31
07.02.92	8,08	8,06	31.07.92	8,45	8,36
14.02.92	8,08	8,06	07.08.92	8,41	8,40
21.02.92	8,10	8,08	14.08.92	8,41	8,41

Umlaufrendite					
Datum	Rendite	4-W-D	Datum	Rendite	4-W-D
21.08.92	8,31	8,40	12.02.93	6,82	6,91
28.08.92	8,34	8,37	19.02.93	6,70	6,84
04.09.92	8,34	8,35	26.02.93	6,51	6,73
11.09.92	8,21	8,30	05.03.93	6,37	6,60
18.09.92	7,76	8,16	12.03.93	6,33	6,48
25.09.92	7,77	8,02	19.03.93	6,41	6,41
02.10.92	7,66	7,85	26.03.93	6,49	6,40
09.10.92	7,52	7,68	02.04.93	6,60	6,46
16.10.92	7,47	7,61	09.04.93	6,43	6,48
23.10.92	7,27	7,48	16.04.93	6,43	6,49
30.10.92	7,36	7,41	23.04.93	6,46	6,48
06.11.92	7,28	7,35	30.04.93	6,63	6,49
13.11.92	7,32	7,31	07.05.93	6,56	6,52
20.11.92	7,25	7,30	14.05.93	6,50	6,54
27.11.92	7,27	7,28	21.05.93	6,67	6,59
04.12.92	7,29	7,28	28.05.93	6,66	6,60
11.12.92	7,29	7,28	04.06.93	6,71	6,64
18.12.92	7,24	7,27	11.06.93	6,66	6,68
25.12.92	7,14	7,24	18.06.93	6,57	6,65
01.01.93	7,12	7,20	25.06.93	6,55	6,62
08.01.93	7,00	7,13	02.07.93	6,53	6,58
15.01.93	6,94	7,05	09.07.93	6,41	6,52
22.01.93	6,96	7,01	16.07.93	6,39	6,47
29.01.93	6,97	6,97	23.07.93	6,37	6,43
05.02.93	6,87	6,94	30.07.93	6,35	6,38

Umlaufrendite					
Datum	**Rendite**	**4-W-D**	**Datum**	**Rendite**	**4-W-D**
06.08.93	6,20	6,33	28.01.94	5,55	5,49
13.08.93	6,17	6,27	04.02.94	5,63	5,54
20.08.93	6,18	6,23	11.02.94	5,71	5,60
27.08.93	6,11	6,17	18.02.94	5,78	5,67
03.09.93	6,02	6,12	25.02.94	6,10	5,81
10.09.93	6,02	6,08	04.03.94	6,20	5,95
17.09.93	6,01	6,04	11.03.94	6,19	6,07
24.09.93	6,04	6,02	18.03.94	6,11	6,15
01.10.93	5,96	6,01	25.03.94	6,28	6,20
08.10.93	5,86	5,97	01.04.94	6,20	6,20
15.10.93	5,79	5,91	08.04.94	6,11	6,18
22.10.93	5,68	5,82	15.04.94	6,15	6,19
29.10.93	5,69	5,76	22.04.94	6,38	6,21
05.11.93	5,68	5,71	29.04.94	6,49	6,28
12.11.93	5,69	5,69	06.05.94	6,48	6,38
19.11.93	5,55	5,65	13.05.94	6,32	6,42
26.11.93	5,57	5,62	20.05.94	6,30	6,40
03.12.93	5,59	5,60	27.05.94	6,58	6,42
10.12.93	5,47	5,55	03.06.94	6,85	6,51
17.12.93	5,51	5,54	10.06.94	6,70	6,61
24.12.93	5,48	5,51	17.06.94	6,92	6,76
31.12.93	5,41	5,47	24.06.94	6,92	6,85
07.01.94	5,44	5,46	01.07.94	6,90	6,86
14.01.94	5,46	5,45	08.07.94	6,86	6,90
21.01.94	5,51	5,46	15.07.94	6,59	6,82

Umlaufrendite					
Datum	**Rendite**	**4-W-D**	**Datum**	**Rendite**	**4-W-D**
22.07.94	6,62	6,74	20.01.95	7,42	7,51
29.07.94	6,75	6,71	27.01.95	7,30	7,45
05.08.94	6,71	6,67	03.02.95	7,34	7,38
12.08.94	7,11	6,80	10.02.95	7,23	7,32
19.08.94	7,06	6,91	17.02.95	7,27	7,29
26.08.94	7,08	6,99	24.02.95	7,23	7,27
02.09.94	7,10	7,09	03.03.95	7,20	7,23
09.09.94	7,25	7,12	10.03.95	7,20	7,23
16.09.94	7,38	7,20	17.03.95	6,98	7,15
23.09.94	7,39	7,28	24.03.95	6,92	7,08
30.09.94	7,39	7,35	31.03.95	6,86	6,99
07.10.94	7,59	7,44	07.04.95	6,77	6,88
14.10.94	7,26	7,41	14.04.95	6,81	6,84
21.10.94	7,32	7,39	21.04.95	6,78	6,81
28.10.94	7,47	7,41	28.04.95	6,69	6,76
04.11.94	7,44	7,37	05.05.95	6,62	6,73
11.11.94	7,35	7,40	12.05.95	6,62	6,68
18.11.94	7,39	7,41	19.05.95	6,51	6,61
25.11.94	7,20	7,35	26.05.95	6,33	6,52
02.12.94	7,23	7,29	02.06.95	6,29	6,44
09.12.94	7,31	7,28	09.06.95	6,36	6,37
16.12.94	7,39	7,28	16.06.95	6,52	6,38
23.12.94	7,42	7,34	23.06.95	6,46	6,41
30.12.94	7,55	7,42	30.06.95	6,68	6,51
06.01.95	7,63	7,50	07.07.95	6,43	6,52
13.01.95	7,44	7,51	14.07.95	6,44	6,50

Umlaufrendite					
Datum	**Rendite**	**4-W-D**	**Datum**	**Rendite**	**4-W-D**
21.07.95	6,55	6,53	19.01.96	5,21	5,36
28.07.95	6,42	6,46	26.01.96	5,32	5,32
04.08.95	6,35	6,44	02.02.96	5,44	5,32
11.08.95	6,33	6,41	09.02.96	5,65	5,41
18.08.95	6,43	6,38	16.02.96	5,64	5,51
25.08.95	6,31	6,36	23.02.96	5,77	5,63
01.09.95	6,32	6,35	01.03.96	5,80	5,72
08.09.95	6,19	6,31	08.03.96	5,78	5,75
15.09.95	6,04	6,22	15.03.96	5,97	5,83
22.09.95	6,04	6,15	22.03.96	5,88	5,86
29.09.95	6,21	6,12	29.03.96	5,87	5,88
06.10.95	6,13	6,11	05.04.96	5,81	5,88
13.10.95	6,10	6,12	12.04.96	5,91	5,87
20.10.95	6,04	6,12	19.04.96	5,77	5,84
27.10.95	6,04	6,08	26.04.96	5,69	5,80
03.11.95	5,91	6,02	03.05.96	5,92	5,82
10.11.95	5,83	5,96	10.05.96	5,85	5,81
17.11.95	5,79	5,89	17.05.96	5,80	5,82
24.11.95	5,69	5,81	24.05.96	5,78	5,84
01.12.95	5,58	5,72	31.05.96	5,80	5,81
08.12.95	5,63	5,67	07.06.96	5,78	5,79
15.12.95	5,47	5,59	14.06.96	6,00	5,84
22.12.95	5,56	5,56	21.06.96	6,04	5,91
29.12.95	5,48	5,54	28.06.96	6,00	5,96
05.01.96	5,42	5,48	05.07.96	6,03	6,02
12.01.96	5,31	5,44	12.07.96	5,98	6,01

Umlaufrendite					
Datum	**Rendite**	**4-W-D**	**Datum**	**Rendite**	**4-W-D**
19.07.96	5,84	5,96	17.01.97	5,00	5,16
26.07.96	5,82	5,92	24.01.97	5,05	5,13
02.08.96	5,78	5,86	31.01.97	5,03	5,06
09.08.96	5,71	5,79	07.02.97	4,96	5,01
16.08.96	5,66	5,74	14.02.97	4,80	4,96
23.08.96	5,71	5,72	21.02.97	4,85	4,91
30.08.96	5,72	5,70	28.02.97	4,83	4,86
06.09.96	5,74	5,71	07.03.97	5,04	4,88
13.09.96	5,61	5,70	14.03.97	5,09	4,95
20.09.96	5,52	5,65	21.03.97	5,22	5,05
27.09.96	5,43	5,58	28.03.97	5,18	5,13
04.10.96	5,39	5,49	04.04.97	5,26	5,19
11.10.96	5,31	5,41	11.04.97	5,17	5,21
18.10.96	5,31	5,36	18.04.97	5,10	5,18
25.10.96	5,38	5,35	25.04.97	5,15	5,17
01.11.96	5,37	5,34	02.05.97	5,06	5,12
08.11.96	5,29	5,34	09.05.97	5,01	5,08
15.11.96	5,23	5,32	16.05.97	4,97	5,05
22.11.96	5,28	5,29	23.05.97	5,15	5,05
29.11.96	5,10	5,23	30.05.97	5,18	5,08
06.12.96	5,27	5,22	06.06.97	5,06	5,09
13.12.96	5,32	5,24	13.06.97	4,97	5,09
20.12.96	5,18	5,22	20.06.97	5,00	5,05
27.12.96	5,17	5,24	27.06.97	4,91	4,99
03.01.97	5,31	5,25	04.07.97	4,86	4,94
10.01.97	5,15	5,20	11.07.97	4,83	4,90

Umlaufrendite					
Datum	Rendite	4-W-D	Datum	Rendite	4-W-D
18.07.97	4,86	4,87	16.01.98	4,77	4,88
25.07.97	4,94	4,87	23.01.98	4,81	4,85
01.08.97	4,96	4,90	30.01.98	4,72	4,77
08.08.97	5,10	4,97	06.02.98	4,79	4,77
15.08.97	5,09	5,02	13.02.98	4,66	4,75
22.08.97	5,11	5,07	20.02.98	4,66	4,71
29.08.97	5,09	5,10	27.02.98	4,63	4,69
05.09.97	5,13	5,11	06.03.98	4,74	4,67
12.09.97	5,09	5,11	13.03.98	4,60	4,66
19.09.97	5,04	5,09	20.03.98	4,64	4,65
26.09.97	5,07	5,08	27.03.98	4,65	4,66
03.10.97	5,05	5,06	03.04.98	4,65	4,64
10.10.97	5,27	5,11	10.04.98	4,66	4,65
17.10.97	5,38	5,19	17.04.98	4,67	4,66
24.10.97	5,38	5,27	24.04.98	4,73	4,68
31.10.97	5,24	5,32	01.05.98	4,85	4,73
07.11.97	5,27	5,32	08.05.98	4,77	4,76
14.11.97	5,27	5,29	15.05.98	4,80	4,79
21.11.97	5,22	5,25	22.05.98	4,73	4,79
28.11.97	5,18	5,24	29.05.98	4,67	4,74
05.12.97	5,14	5,20	05.06.98	4,69	4,72
12.12.97	5,04	5,15	12.06.98	4,60	4,67
19.12.97	4,97	5,08	19.06.98	4,65	4,65
26.12.97	4,92	5,02	26.06.98	4,58	4,63
02.01.98	5,06	5,00	03.07.98	4,55	4,60
09.01.98	4,77	4,93	10.07.98	4,50	4,57

Umlaufrendite					
Datum	**Rendite**	**4-W-D**	**Datum**	**Rendite**	**4-W-D**
17.07.98	4,53	4,54	16.10.98	3,95	3,94
24.07.98	4,51	4,52	23.10.98	3,99	3,96
31.07.98	4,49	4,51	30.10.98	3,98	4,02
07.08.98	4,43	4,49	06.11.98	4,05	3,99
14.08.98	4,36	4,45	13.11.98	4,04	4,02
21.08.98	4,17	4,36	20.11.98	3,93	4,00
28.08.98	4,02	4,25	27.11.98	3,82	3,96
04.09.98	4,12	4,17	04.12.98	3,74	3,88
11.09.98	3,87	4,05	11.12.98	3,61	3,78
18.09.98	3,94	3,99	18.12.98	3,67	3,71
25.09.98	3,90	3,96	25.12.98	3,74	3,69
02.10.98	3,74	3,86	01.01.99	3,71	3,68
09.10.98	4,15	3,93			

Deutscher Aktienindex – DAX			
Datum	**DAX**	**Datum**	**DAX**
06.01.84	800	29.06.84	763
13.01.84	787	06.07.84	737
20.01.84	804	13.07.84	721
27.01.84	810	20.07.84	702
03.02.84	818	27.07.84	712
10.02.84	780	03.08.84	742
17.02.84	790	10.08.84	756
24.02.84	775	17.08.84	747
02.03.84	775	24.08.84	746
09.03.84	758	31.08.84	751
16.03.84	781	07.09.84	753
23.03.84	776	14.09.84	779
30.03.84	774	21.09.84	800
06.04.84	768	28.09.84	799
13.04.84	780	05.10.84	799
20.04.84	771	12.10.84	803
27.04.84	773	19.10.84	815
04.05.84	785	26.10.84	796
11.05.84	758	02.11.84	803
18.05.84	753	09.11.84	807
25.05.84	752	16.11.84	802
01.06.84	740	23.11.84	805
08.06.84	757	30.11.84	811
15.06.84	738	07.12.84	811
22.06.84	747	14.12.84	802

Deutscher Aktienindex – DAX			
Datum	**DAX**	**Datum**	**DAX**
21.12.84	817	14.06.85	964
28.12.84	820	21.06.85	1017
04.01.85	824	28.06.85	1018
11.01.85	839	05.07.85	1074
18.01.85	850	12.07.85	1019
25.01.85	832	19.07.85	1029
01.02.85	834	26.07.85	1008
08.02.85	845	02.08.85	1018
15.02.85	852	09.08.85	1026
22.02.85	856	16.08.85	1030
01.03.85	870	23.08.85	1036
08.03.85	878	30.08.85	1081
15.03.85	889	06.09.85	1096
22.03.85	889	13.09.85	1105
29.03.85	858	20.09.85	1133
05.04.85	869	27.09.85	1126
12.04.85	877	04.10.85	1166
19.04.85	886	11.10.85	1169
26.04.85	883	18.10.85	1234
03.05.85	873	25.10.85	1261
10.05.85	889	01.11.85	1301
17.05.85	902	08.11.85	1280
24.05.85	931	15.11.85	1243
31.05.85	950	22.11.85	1296
07.06.85	969	29.11.85	1251

Deutscher Aktienindex – DAX			
Datum	**DAX**	**Datum**	**DAX**
06.12.85	1253	30.05.86	1380
13.12.85	1301	06.06.86	1366
20.12.85	1330	13.06.86	1420
27.12.85	1354	20.06.86	1386
03.01.86	1414	27.06.86	1381
10.01.86	1449	04.07.86	1354
17.01.86	1504	11.07.86	1339
24.01.86	1449	18.07.86	1290
31.01.86	1387	25.07.86	1306
07.02.86	1434	01.08.86	1282
14.02.86	1392	08.08.86	1392
21.02.86	1395	15.08.86	1425
28.02.86	1357	22.08.86	1469
07.03.86	1421	29.08.86	1497
14.03.86	1473	05.09.86	1497
21.03.86	1460	12.09.86	1456
28.03.86	1481	19.09.86	1410
04.04.86	1510	26.09.86	1416
11.04.86	1544	03.10.86	1444
18.04.86	1579	10.10.86	1429
25.04.86	1509	17.10.86	1399
02.05.86	1491	24.10.86	1429
09.05.86	1442	31.10.86	1426
16.05.86	1370	07.11.86	1429
23.05.86	1401	14.11.86	1408

Deutscher Aktienindex – DAX			
Datum	**DAX**	**Datum**	**DAX**
21.11.86	1435	15.05.87	1310
28.11.86	1466	22.05.87	1283
05.12.86	1463	29.05.87	1316
12.12.86	1444	05.06.87	1308
19.12.86	1428	12.06.87	1313
26.12.86	1435	19.06.87	1377
02.01.87	1413	26.06.87	1408
09.01.87	1348	03.07.87	1419
16.01.87	1356	10.07.87	1419
23.01.87	1347	17.07.87	1472
30.01.87	1294	24.07.87	1459
06.02.87	1250	31.07.87	1510
13.02.87	1277	07.08.87	1559
20.02.87	1265	14.08.87	1563
27.02.87	1244	21.08.87	1548
06.03.87	1262	28.08.87	1540
13.03.87	1243	04.09.87	1500
20.03.87	1196	11.09.87	1509
27.03.87	1306	18.09.87	1502
03.04.87	1335	25.09.87	1492
10.04.87	1298	02.10.87	1543
17.04.87	1323	09.10.87	1478
24.04.87	1315	16.10.87	1458
01.05.87	1308	23.10.87	1292
08.05.87	1325	30.10.87	1177

Deutscher Aktienindex – DAX			
Datum	**DAX**	**Datum**	**DAX**
06.11.87	1067	29.04.88	1054
13.11.87	1075	06.05.88	1037
20.11.87	1027	13.05.88	1017
27.11.87	1052	20.05.88	1033
04.12.87	1003	27.05.88	1055
11.12.87	1017	03.06.88	1102
18.12.87	1029	10.06.88	1119
25.12.87	1049	17.06.88	1118
01.01.88	1000	24.06.88	1143
08.01.88	1025	01.07.88	1163
15.01.88	958	08.07.88	1197
22.01.88	971	15.07.88	1191
29.01.88	935	22.07.88	1153
05.02.88	980	29.07.88	1181
12.02.88	1032	05.08.88	1197
19.02.88	1050	12.08.88	1173
26.02.88	1077	19.08.88	1170
04.03.88	1076	26.08.88	1157
11.03.88	1074	02.09.88	1157
18.03.88	1122	09.09.88	1186
25.03.88	1061	16.09.88	1235
01.04.88	1063	23.09.88	1252
08.04.88	1076	30.09.88	1252
15.04.88	1073	07.10.88	1269
22.04.88	1069	14.10.88	1289

Deutscher Aktienindex – DAX			
Datum	**DAX**	**Datum**	**DAX**
21.10.88	1289	14.04.89	1384
28.10.88	1314	21.04.89	1376
04.11.88	1285	28.04.89	1370
11.11.88	1252	05.05.89	1380
18.11.88	1277	12.05.89	1347
25.11.88	1275	19.05.89	1350
02.12.88	1275	26.05.89	1376
09.12.88	1301	02.06.89	1419
16.12.88	1296	09.06.89	1437
23.12.88	1328	16.06.89	1426
30.12.88	1327	23.06.89	1491
06.01.89	1359	30.06.89	1473
13.01.89	1353	07.07.89	1510
20.01.89	1323	14.07.89	1530
27.01.89	1343	21.07.89	1555
03.02.89	1326	28.07.89	1553
10.02.89	1353	04.08.89	1590
17.02.89	1315	11.08.89	1608
24.02.89	1288	18.08.89	1575
03.03.89	1325	25.08.89	1604
10.03.89	1318	01.09.89	1608
17.03.89	1322	08.09.89	1657
24.03.89	1306	15.09.89	1595
31.03.89	1322	22.09.89	1628
07.04.89	1348	29.09.89	1574

Deutscher Aktienindex – DAX			
Datum	**DAX**	**Datum**	**DAX**
06.10.89	1624	30.03.90	1968
13.10.89	1589	06.04.90	1947
20.10.89	1524	13.04.90	1918
27.10.89	1462	20.04.90	1884
03.11.89	1449	27.04.90	1825
10.11.89	1496	04.05.90	1912
17.11.89	1521	11.05.90	1875
24.11.89	1555	18.05.90	1843
01.12.89	1612	25.05.90	1823
08.12.89	1650	01.06.90	1856
15.12.89	1627	08.06.90	1822
22.12.89	1696	15.06.90	1792
29.12.89	1790	22.06.90	1872
05.01.90	1820	29.06.90	1879
12.01.90	1855	06.07.90	1932
19.01.90	1773	13.07.90	1931
26.01.90	1794	20.07.90	1947
02.02.90	1910	27.07.90	1919
09.02.90	1885	03.08.90	1840
16.02.90	1893	10.08.90	1749
23.02.90	1789	17.08.90	1665
02.03.90	1818	24.08.90	1559
09.03.90	1858	31.08.90	1629
16.03.90	1889	07.09.90	1562
23.03.90	1932	14.09.90	1554

Deutscher Aktienindex – DAX			
Datum	**DAX**	**Datum**	**DAX**
21.09.90	1446	15.03.91	1570
28.09.90	1334	22.03.91	1520
05.10.90	1391	29.03.91	1522
12.10.90	1459	05.04.91	1586
19.10.90	1482	12.04.91	1583
26.10.90	1457	19.04.91	1599
02.11.90	1414	26.04.91	1623
09.11.90	1381	03.05.91	1631
16.11.90	1425	10.05.91	1620
23.11.90	1483	17.05.91	1598
30.11.90	1441	24.05.91	1671
07.12.90	1512	31.05.91	1704
14.12.90	1522	07.06.91	1709
21.12.90	1414	14.06.91	1699
28.12.90	1398	21.06.91	1711
04.01.91	1396	28.06.91	1622
11.01.91	1382	05.07.91	1618
18.01.91	1405	12.07.91	1644
25.01.91	1382	19.07.91	1623
01.02.91	1426	26.07.91	1605
08.02.91	1467	02.08.91	1615
15.02.91	1531	09.08.91	1632
22.02.91	1582	16.08.91	1653
01.03.91	1516	23.08.91	1627
08.03.91	1602	30.08.91	1650

Deutscher Aktienindex – DAX			
Datum	**DAX**	**Datum**	**DAX**
06.09.91	1646	28.02.92	1745
13.09.91	1637	06.03.92	1745
20.09.91	1616	13.03.92	1733
27.09.91	1608	20.03.92	1736
04.10.91	1601	27.03.92	1711
11.10.91	1568	03.04.92	1719
18.10.91	1563	10.04.92	1736
25.10.91	1572	17.04.92	1749
01.11.91	1573	24.04.92	1745
08.11.91	1606	01.05.92	1734
15.11.91	1629	08.05.92	1748
22.11.91	1600	15.05.92	1724
29.11.91	1566	22.05.92	1802
06.12.91	1558	29.05.92	1803
13.12.91	1558	05.06.92	1789
20.12.91	1543	12.06.92	1782
27.12.91	1563	19.06.92	1772
03.01.92	1603	26.06.92	1754
10.01.92	1615	03.07.92	1776
17.01.92	1670	10.07.92	1754
24.01.92	1664	17.07.92	1702
31.01.92	1687	24.07.92	1610
07.02.92	1685	31.07.92	1615
14.02.92	1676	07.08.92	1609
21.02.92	1717	14.08.92	1547

Deutscher Aktienindex – DAX			
Datum	**DAX**	**Datum**	**DAX**
21.08.92	1520	12.02.93	1661
28.08.92	1516	19.02.93	1677
04.09.92	1536	26.02.93	1684
11.09.92	1527	05.03.93	1682
18.09.92	1589	12.03.93	1707
25.09.92	1513	19.03.93	1698
02.10.92	1478	26.03.93	1661
09.10.92	1439	02.04.93	1661
16.10.92	1461	09.04.93	1655
23.10.92	1526	16.04.93	1678
30.10.92	1492	23.04.93	1657
06.11.92	1487	30.04.93	1627
13.11.92	1548	07.05.93	1611
20.11.92	1544	14.05.93	1634
27.11.92	1522	21.05.93	1610
04.12.92	1522	28.05.93	1631
11.12.92	1476	04.06.93	1637
18.12.92	1492	11.06.93	1680
25.12.92	1526	18.06.93	1686
01.01.93	1545	25.06.93	1695
08.01.93	1531	02.07.93	1697
15.01.93	1544	09.07.93	1797
22.01.93	1587	16.07.93	1813
29.01.93	1571	23.07.93	1830
05.02.93	1641	30.07.93	1803

Deutscher Aktienindex – DAX			
Datum	**DAX**	**Datum**	**DAX**
06.08.93	1869	28.01.94	2133
13.08.93	1906	04.02.94	2138
20.08.93	1922	11.02.94	2090
27.08.93	1904	18.02.94	2151
03.09.93	1925	25.02.94	2074
10.09.93	1861	04.03.94	2060
17.09.93	1881	11.03.94	2103
24.09.93	1885	18.03.94	2155
01.10.93	1912	25.03.94	2130
08.10.93	2005	01.04.94	2133
15.10.93	2015	08.04.94	2203
22.10.93	2066	15.04.94	2200
29.10.93	2069	22.04.94	2213
05.11.93	2012	29.04.94	2245
12.11.93	2015	06.05.94	2237
19.11.93	2077	13.05.94	2258
26.11.93	2047	20.05.94	2249
03.12.93	2120	27.05.94	2140
10.12.93	2161	03.06.94	2148
17.12.93	2151	10.06.94	2133
24.12.93	2222	17.06.94	2050
31.12.93	2266	24.06.94	2005
07.01.94	2211	01.07.94	2036
14.01.94	2141	08.07.94	2050
21.01.94	2095	15.07.94	2093

Deutscher Aktienindex – DAX			
Datum	**DAX**	**Datum**	**DAX**
22.07.94	2150	13.01.95	2055
29.07.94	2146	20.01.95	2055
05.08.94	2184	27.01.95	2031
12.08.94	2124	03.02.95	2057
19.08.94	2149	10.02.95	2130
26.08.94	2161	17.02.95	2117
02.09.94	2204	24.02.95	2118
09.09.94	2185	03.03.95	2109
16.09.94	2118	10.03.95	1994
23.09.94	2089	17.03.95	2005
30.09.94	2011	24.03.95	1925
07.10.94	1960	31.03.95	1922
14.10.94	2105	07.04.95	1981
21.10.94	2022	14.04.95	1986
28.10.94	2040	21.04.95	1976
04.11.94	2067	28.04.95	2015
11.11.94	2078	05.05.95	2023
18.11.94	2100	12.05.95	2096
25.11.94	2051	19.05.95	2065
02.12.94	2038	26.05.95	2077
09.12.94	2028	02.06.95	2136
16.12.94	2070	09.06.95	2121
23.12.94	2094	16.06.95	2119
30.12.94	2106	23.06.95	2139
06.01.95	2053	30.06.95	2083

Deutscher Aktienindex – DAX			
Datum	**DAX**	**Datum**	**DAX**
07.07.95	2153	05.01.96	2331
14.07.95	2184	12.01.96	2356
21.07.95	2201	19.01.96	2398
28.07.95	2229	26.01.96	2432
04.08.95	2235	02.02.96	2452
11.08.95	2232	09.02.96	2411
18.08.95	2263	16.02.96	2429
25.08.95	2249	23.02.96	2451
01.09.95	2233	01.03.96	2501
08.09.95	2273	08.03.96	2469
15.09.95	2317	15.03.96	2458
22.09.95	2211	22.03.96	2504
29.09.95	2187	29.03.96	2485
06.10.95	2171	05.04.96	2495
13.10.95	2196	12.04.96	2511
20.10.95	2170	19.04.96	2536
27.10.95	2096	26.04.96	2537
03.11.95	2181	03.05.96	2457
10.11.95	2172	10.05.96	2468
17.11.95	2201	17.05.96	2537
24.11.95	2198	24.05.96	2542
01.12.95	2260	31.05.96	2542
08.12.95	2267	07.06.96	2557
15.12.95	2284	14.06.96	2548
22.12.95	2280	21.06.96	2540
29.12.95	2253	28.06.96	2561

Deutscher Aktienindex – DAX			
Datum	DAX	Datum	DAX
05.07.96	2583	03.01.97	2859
12.07.96	2544	10.01.97	2933
19.07.96	2520	17.01.97	3001
26.07.96	2470	24.01.97	2998
02.08.96	2508	31.01.97	3035
09.08.96	2525	07.02.97	3138
16.08.96	2548	14.02.97	3248
23.08.96	2555	21.02.97	3148
30.08.96	2543	28.02.97	3259
06.09.96	2517	07.03.97	3376
13.09.96	2595	14.03.97	3359
20.09.96	2646	21.03.97	3298
27.09.96	2659	28.03.97	3429
04.10.96	2683	04.04.97	3244
11.10.96	2686	11.04.97	3340
18.10.96	2734	18.04.97	3344
25.10.96	2674	25.04.97	3377
01.11.96	2683	02.05.97	3460
08.11.96	2739	09.05.97	3562
15.11.96	2795	16.05.97	3604
22.11.96	2763	23.05.97	3602
29.11.96	2845	30.05.97	3547
06.12.96	2791	06.06.97	3695
13.12.96	2799	13.06.97	3744
20.12.96	2854	20.06.97	3788
27.12.96	2852	27.06.97	3795

Deutscher Aktienindex – DAX			
Datum	**DAX**	**Datum**	**DAX**
04.07.97	3942	02.01.98	4315
11.07.97	4040	09.01.98	4236
18.07.97	4196	16.01.98	4184
25.07.97	4317	23.01.98	4237
01.08.97	4408	30.01.98	4440
08.08.97	4354	06.02.98	4496
15.08.97	4152	13.02.98	4502
22.08.97	4086	20.02.98	4602
29.08.97	3906	27.02.98	4709
05.09.97	4100	06.03.98	4715
12.09.97	3854	13.03.98	4889
19.09.97	4032	20.03.98	5001
26.09.97	4080	27.03.98	5083
03.10.97	4273	03.04.98	5223
10.10.97	4188	10.04.98	5317
17.10.97	4061	17.04.98	5268
24.10.97	4050	24.04.98	5144
31.10.97	3726	01.05.98	5107
07.11.97	3699	08.05.98	5257
14.11.97	3730	15.05.98	5393
21.11.97	3959	22.05.98	5564
28.11.97	3949	29.05.98	5569
05.12.97	4170	05.06.98	5688
12.12.97	4082	12.06.98	5670
19.12.97	4084	19.06.98	5702
26.12.97	4121	26.06.98	5870

Deutscher Aktienindex – DAX			
Datum	**DAX**	**Datum**	**DAX**
03.07.98	5953	09.10.98	3983
10.07.98	5982	16.10.98	4489
17.07.98	6147	23.10.98	4451
24.07.98	6035	30.10.98	4671
31.07.98	5873	06.11.98	4836
07.08.98	5581	13.11.98	4639
14.08.98	5447	20.11.98	4911
21.08.98	5163	27.11.98	5121
28.08.98	4993	04.12.98	4774
04.09.98	4820	11.12.98	4536
11.09.98	4737	18.12.98	4629
18.09.98	4598	25.12.98	4951
25.09.98	4561	01.01.99	5002
02.10.98	3962		

Praxis-Tip:

Zwischen dem Redaktionsschluß und Ihrem Bucherwerb liegt ein mehr oder weniger langer Zeitraum. Um die dadurch zwangsläufig entstehende Datenlücke zu schließen, gibt es mehrere Möglichkeiten:

Die meisten öffentlichen Büchereien haben in ihren Archiven auch ältere Tageszeitungen, aus denen sie sämtliche Daten (Durchschnittliche Umlaufrendite, DAX, Aktienkurse) entnehmen können.

Die Deutsche Börse AG, Börsenplatz 7–11, 60313 Frankfurt am Main (Tel. 0 69/2 10 10, Fax 0 69/21 01 33 31) hilft bei fehlenden DAX-Werten und Aktienkursen weiter.

Bei der Deutschen Bundesbank, Wilhelm-Epstein-Straße 14, 60431 Frankfurt am Main (Tel. 0 69/9 56 61, Fax 0 69/5 60 10 71) können Auskünfte über die Umlaufrendite eingeholt werden.

Findex